MUSIKPÄDAGOGISCHE BIBLIOTHEK

BAND 9

ELISABETH FISCHER-JUNGHANN

Gesangsbildungslehre

Der Gesang am Scheidewege

HEINRICHSHOFEN'S VERLAG · WILHELMSHAVEN

Elisabeth Fischer-Junghann, geboren am 22. Juni 1909 in Merseburg an der Saale, wuchs in einem musikalischen Elternhaus auf und entschied sich schon früh dazu, Musik zu studieren. Ihr Musikstudium führte sie an der Musikhochschule in Berlin bei Professor Fred Husler und Professor Siegfried Borris durch. Ihre erfolgreichen Konzertreisen im In- und Ausland mußte sie während des Nationalsozialismus zwangsweise unterbrechen, setzte sie jedoch ab 1945 wieder fort. Nachdem Elisabeth Fischer-Junghann 1955 an Polio schwer erkrankte, konzentrierte sie sich mehr und mehr in Hannover auf ihre gesangspädagogische Arbeit, die ihr große Erfolge und Anerkennung bei ihren Schülern und darüber hinaus eingebracht hat.

CIP-Kurztitelaufnahme der Deutschen Bibliothek

Fischer-Junghann, Elisabeth:

Gesangsbildungslehre: d. Gesang am Scheidewege/
Elisabeth Fischer-Junghann. – 2. Aufl. –
Wilhelmshaven: Heinrichshofen, 1984.
(Musikpädagogische Bibliothek; Bd. 9)
1. Aufl. im Verl. Quelle u. Meyer, Heidelberg
ISBN 3-7959-**0161**-8
NE: GT

2. Auflage

Die erste Auflage erschien 1964 im Verlag Quelle & Meyer, Heidelberg

Gesamtherstellung: Heinrichshofen's Druck, Wilhelmshaven
Printed in Germany
ISBN 3-7959-**0161**-8

INHALTSVERZEICHNIS

VORWORT

Wenn meine Freunde mich des öfteren baten: „Schreibe doch Deine Ansichten und Deine Erfahrungen über Kunst, Musik, Gesang und Interpretation nieder“, so dachte ich stets — über Musik schreiben?

Musik kann und soll man doch nur hören! Ich möchte dann immer wieder *Edwin Fischer* zitieren: (Aus Musikalische Betrachtungen über W. A. Mozart) „Und nun soll ich über ihn schreiben! Das kommt mir vor, als ob ich einer Person, die ich gerne habe, einen Vortrag über die Art und Beschaffenheit meiner Zuneigung zu ihr halten sollte, anstatt sie still bei der Hand zu nehmen und in die herrliche Gotteswelt mit ihr zu gehen, wo die Natur mit tausend geheimnisvollen Stimmen zu uns spricht und wir schweigend mit dem Herzen erleben, was kein Wort auszudrücken vermag.“

Aber, wenn ich mich dann in meine Studienzeit zurückversetze, in meine Jugend mit all den Einsamkeiten, den Kämpfen, dem Suchen und Ergründen, mit den Zweifeln an der eigenen Begabung, ja mit der Verzweiflung des häufigen Nichtvermögens, dann möchte ich meine Erfahrungen doch niederschreiben zum Nutzen und auch zum Trost für alle jungen Künstler und für diejenigen, die vor dem Eintritt in diese Welt stehen.

Euch ist dieses Buch gewidmet. Ich weiß um eure Gedanken und Zweifel und ich will euch gleich etwas Tröstliches sagen. Ich war kein Wunderkind. Auch wurde ich nicht entdeckt. Aber ich arbeitete und kämpfte mich durch, bis ich das Ziel erreichte, „daß nicht mehr ich singe, sondern Es singt“.

Und von diesen Erfahrungen und Einsichten möchte ich sprechen. Ich will jedoch keine „Gesangsmethode“ beschwören. Es führen viele Wege nach Rom. Allein wichtig zu sein scheint mir, daß man in Rom ankommt.

Mich hat immer ein leichter Schauer erfaßt, wenn ich sängerische Methoden und Dogmata las. Ich wurde dann an meine Schulzeit erinnert; eben hatte ich zu Hause mit innerer Anteilnahme, ja mit Leidenschaft das Schicksal eines Egmont, eines Marquis Posa oder einer Jeanne d'Arc miterlebt. Sie alle waren Wesen aus Fleisch und Blut. Und dann am nächsten Tag —in der Deutschstunde legte sich unerbittlich eine dichte Staubschicht über meine Helden.

So ähnlich ging es mir bei Büchern über Gesang. „Man lege seine Zunge an die Vorderzähne, hebe das Gaumensegel, atme konzentriert und ...“ oder „man mache einen O-Mund, um die Tiefstellung des Kehlkopfes zu erreichen.“

Man verstehe mich recht. Wehe dem Pädagogen, dem nicht ein fundiertes Wissen zur Verfügung steht über die anatomischen, physiologischen, akustischen und psychologischen Grundlagen der Stimmtätigkeit. Genauso notwendig ist es aber, daß er eine künstlerisch-schöpferische Persönlichkeit darstellt, um all die Fähigkeiten, die zum Singen und zur Musik führen, erkennen und wecken zu können.

Der Pädagoge muß selbst singen können; er muß von Musik erfüllt sein, das heißt, er muß vom Handwerk zur künstlerischen Aussage gefunden haben. Nur dann kann er jungen Menschen dazu verhelfen, Sänger und Künstler zu werden. Deshalb können vielleicht meine Gedanken und Erfahrungen jungen Menschen den Weg zur Kunst weisen.

Noch wesentlicher wäre es, wenn ich meinen Lesern den Blick dafür öffnen könnte, welche Kraftquelle die Musik für uns Menschen ist, welche Vertiefung sie erfordert, welche Welten sich aber dann für uns öffnen.

Pablo Casals spricht es aus: „Die Musik vertreibt allen Haß; den Ruhelosen gibt sie Frieden und die Weinenden tröstet sie; die, die nicht weiter wissen, finden neue Wege."

Hannover-Kleefeld, im November 1963

Elisabeth Fischer-Junghann

I. DAS PHÄNOMEN DES KÜNSTLERISCHEN

1. Was bedeutet Kunst in unserer geistigen Krise?

Keine Realität ist wesentlicher für unsere Selbstvergewisserung als die Geschichte. Sie zeigt uns den weitesten Horizont der Menschheit, bringt uns die unser Leben begründenden Gehalte der Überlieferung, zeigt uns die Maßstäbe für das Gegenwärtige, befreit uns aus der bewußtlosen Gebundenheit an das eigene Zeitalter, lehrt uns den Menschen in seinen höchsten Möglichkeiten und in seinen unvergänglichen Schöpfungen sehen.

KARL JASPERS

Das Leben ist Einsamkeit. Jeder von uns muß sein ureigenes Leben wie ein Drama gestalten und leben. Keiner kann uns Leiden und Schmerzen abnehmen, niemand kann uns die Erfahrung des Todes ersparen; in den elementaren Grundfragen unseres Seins sind wir einsam.

Die Menschen vergessen meist den gewaltigen Gegensatz Einsamkeit — Gesellschaft, und daß die Gesellschaft aus einer Vielzahl einzelner Leben besteht. Deshalb ist das Problem des Menschen immer das gleiche seit Jahrtausenden; auch heute in unserem zivilisierten, technischen Industriestaat.

Selbstverständlich ändert sich die Fragestellung nach der Existenz des Menschen in den Jahrhunderten und Jahrtausenden in Schattierungen. Einmal interessiert den Menschen mehr die Einsamkeit und einmal mehr die Gesellschaft, aber immer kreist das Problem um die Existenz. In der Geschichte der menschlichen Gesellschaft wechseln verwurzelte mit entwurzelten Jahrhunderten, materialistische mit idealistischen Anschauungen, ruhigere mit chaotischeren Zeiten. Unsere Lebensform hängt davon ab, welche klaren oder unklaren Begriffe über die Existenz unser Denken ergriffen haben.

Unsere Generation, die ohne Frage in einer geschichtlichen, menschlichen und geistigen Krise leben muß, — denn Unklarheiten und Herumtasten mit geistigen und ethischen Begriffen sind immer die Anzeichen einer echten Krise —, hat einige wenige, aber wesentliche Aufgaben zu übernehmen, um dem Menschen, der in dieser Krise in Angst und negativen Überzeugungen lebt, langsam wieder zu einem positiven Weltbild zu verhelfen.

Immer neigt der Mensch dazu zu glauben, daß seine Generation allein gefährdet sei. Aber wenn wir die Geschichte der Menschheit im Zeitraffer zurückverfolgen würden, so könnten wir sie von einer Katastrophe in die andere sinken sehen. Es bleibt immer das gleiche Problem, wie sich der Mensch dem Leben und Tod und seinen Mitmenschen gegenüber einstellt. So müssen wir also Klarheit darüber schaffen, wie sich unsere Zukunft, dieses Leben zwischen zwei Epochen, entwickeln soll. Wenn wir uns nun die Aspekte des XX. Jahrhunderts ansehen, in dem wir im Zeitalter der Verwaltung, der Reklame, des Tourismus, der Geschwindigkeit, des Leitbildes leben, einer Zeit, in der alles mechanisiert, rationalisiert wird, in welchem der Mensch eingeplant ist, eingereiht in den Wirtschaftsprozeß, reglementiert und nützlich gemacht von der Wiege bis zur Bahre, in der alles genormt ist, die Freizeit gestaltet und der Urlaub gelenkt wird, so bleibt die Frage: ist nun der Mensch weniger einsam? Ist er glücklicher? Wir glauben, daß jeder, der versucht, die Zeit tiefer zu überschauen und zu durchdenken, erkennen wird, daß es noch nie so viele einsame Menschen gegeben hat. Es ist vielleicht das Erschütterndste an unserer Zeit, daß der Mensch kontaktlos zu seinem Nächsten geworden ist. Die natürliche harmlose Beziehung von Mensch zu Mensch ist weitestgehend abgerissen und hat fast gänzlich aufgehört zu bestehen. Wenn wir uns eine kleine Ruhepause gönnten und von einem Gipfel Ausschau hielten auf die Wege unseres menschlichen Daseins mit all der Not, der Verzweiflung, den Leiden, der Zerstörung, dem Niedergang ethischer und geistiger Werte, der Fragwürdigkeit des Menschen überhaupt, was gäbe es da, woran man sich halten könnte?

Paracelsus, der große Arzt und Menschenkenner aus der Renaissance, der auch in Not und Zweifel über die Menschen geriet, gibt uns ein tröstliches Wort: „Nur die Höhe des Menschen ist der Mensch." Für unsere Generation hat dieses Wort eine einmalige Deutung bekommen. Die großen geistigen Werke in der Kunst haben uns Menschen gezeigt, daß wir Besitztümer haben, die unvergänglich, unverlierbar und unzerstörbar in uns ruhen. Mit der Aneignung dieser Kulturgüter wird auch das Menschenbild in uns wieder hergestellt —, denn die Kunstwerke, die uns zum Absoluten hinführen, sind Schöpfungen des Menschen. Die Geschichte der Menschheit sollte wesentlich an ihrer geistigen und künstlerischen Aussage gemessen werden und nicht an ihren politischen und geschichtlichen Tagen.

Was verändert den Menschen, wenn er sich mit Kunst beschäftigt? Inmitten unserer lauten, geschäftigen und unruhigen Welt kann etwas auf uns zukommen, was uns anhalten und stille werden läßt. Plötzlich sind wir angerührt, vergessen unsere Umwelt, unsere Alltäglichkeit entschwindet unserem Auge, eine Konzentration, ein Losgelöstsein erfaßt uns; wir versenken uns, denn das Kunstwerk fordert Sammlung. Es entrückt uns der gewohnten Umgebung. Wenn uns eine große Schöpfung zur Einkehr zwingt, werden wir Menschen, und sei es nur für Augenblicke, verändert. Was uns vorher noch wichtig erschien, ist unwichtig und gleichgültig geworden. Wir werden einen Weg zur Tiefe geführt, unsere Gedanken wenden sich dem Wesentlichen, dem Absoluten zu.

Es gibt für den Menschen kein besseres Mittel gegen Unrast, Unruhe, Zweifel und Materialismus, als sich intensiv mit der Kunst und den Künsten zu beschäftigen. Wenn wir Abendländer nachdenklich einmal

Bilanz ziehen und uns fragen, was haben wir denn nun in den vergangenen Jahrhunderten der Menschheit an wirklichen geistigen Gütern zu geben gehabt, an denen sie unsere Kultur messen und an denen sie auch den Stand unserer seelischen und geistigen Entwicklung ablesen konnten? Es gibt ein Gebiet, welches unmißverständlich, rein und klar leuchtet, welches nicht verzerrt ist von den flüchtigen Begriffen des Tages, welches keine menschliche Schuld auf sich geladen hat mit nationalistischen Mißdeutungen, weil es in einer Welt geschaffen ist jenseits aller Tagesmeinungen. Es ist die abendländische Musik.

„Werde Laut, helle Stimme, daß die Unruhigen Dich hören,
Geh hervor, süßer Ton, daß die Hörenden Dich loben,
Erhebe Dich, herrlicher Klang, daß Du zum Schweigen bringst den Lärm der unseligen Welt.“

Alte Inschrift im Kloster St. Rutbert

Man kann es gar nicht in Worte fassen, was Musik ausdrückt, welch innerer Reichtum sich auftut, wenn man sich in sie versenkt, sie hört, und das innere Ohr aufgeschlossen in immer neue Räume eintritt: Stille und Kraft, Klang und Linie, Melos und Rhythmus, Leidenschaft und Freude, Leid und Überwindung, Geist und Gefühl, Gestaltloses und Form — das weite All mit seinen unendlichen Harmonien und Klängen erfüllt unser Sein. Kann man erklären, was uns die Matthäuspassion, die große Fuge von Beethoven, Mozarts Kammermusik, Schuberts C-dur Quintett, Bruckner, Brahms, Hindemiths Sinfonie „Mathis der Maler“ oder Alban Bergs Violinkonzert bedeuten? Kann man den Zauber des Vorspiels der „Mondnacht“ von Schumann, aus dem sich dann unendlich zart die Gesangsstimme in lichte Höhen erhebt, in Worten wiedergeben? Der Hörer muß es einfach fühlen: die laue sanfte Luft einer Maiennacht, das silberne Schimmern der Blütenbäume, das Glitzern der Sterne, das ferne Rauschen des Waldes und den tiefen Frieden, der unser Herz erfaßt hat:

„Und meine Seele spannte
weit ihre Flügel aus,
flog durch die stillen Lande,
als flöge sie nach Haus.“

Wer Musik liebt und hört, noch mehr, wer Musik ausübt und in ihr lebt, der besitzt eine Heimat; denn er ist geborgen und wandert doch auf fernen, weiten Wegen, abseits von der Alltäglichkeit, im Wesentlichen.

2. Der musische Mensch

So gehört es denn auch zum Wesen des Menschen und bildet ein Stück seines metaphysischen Ranges, daß er im Kunstwerk und von ihm her die ursprüngliche Tiefe im Antlitz der Welt erfahren kann.

WEISCHEDEL
„Die Tiefe im Antlitz der Welt"

Der Mensch hat eine transzendente Aufgabe zu erfüllen. Der heutige Mensch ist im Begriff, ein nur nützliches Geschöpf zu sein und empfindet nicht mehr, wie viele seiner Fähigkeiten langsam in Verlust geraten sind. Der Begriff etwas hervorzubringen geht uns verloren. Im Wirtschaftsprozeß arbeiten die Menschen in einem so vielverzweigten Räderwerk, daß sehr viele gar nicht das Endprodukt kennen, an dessen Erzeugung sie beteiligt sind. Unsere Aufgabe ist es, immer wieder auf die Gefahren hinzuweisen, die den Menschen in seiner geistigen und seelischen Entwicklung hemmen.

Der Mensch des XX. Jahrhunderts muß erst lernen, die Mechanisierung und Spezialisierung mit dem Geist zu beherrschen, anstatt daß er durch die Mechanisierung und Spezialisierung zum Sklaven des Materiellen wird. Durch die moderne Naturwissenschaft werden ständig die Räume erweitert. Das Universum vergrößert sich, aber der Mensch von heute verringert in erschreckender Weise seine seelische Substanz. In der Physik spricht man von der Schönheit der mathematischen Formel. Doch der Mensch beginnt sich aus den ewigen Zusammenhängen zu lösen. Er hat trotz seines vergrößerten Erkenntnisvermögens seelische Qualitäten eingebüßt.

Wir sehen, daß die Problematik unseres menschlichen Daseins nicht nur dadurch hervorgerufen ist, daß wir mechanisiert werden, sondern auch dadurch, daß wir die Zusammenhänge nicht mehr überschauen und erfassen können und daß wir daher von der Forschung und deren Erkenntnissen beunruhigt sind. Dieser seelische und geistige Substanzverlust hat sich ganz allmählich entwickelt. Schon am Ende des XIX. und am Beginn des XX. Jahrhunderts wiesen alle Kulturkritiker auf diese bestürzenden Tatsachen hin. Ob wir Nietzsche, Albert Schweitzer, Ortega y Gasset, Spranger, Spengler, Toynbee, Huizinga, Sczesny und Heer lesen, alle sind besorgt darüber, daß die moralische und ethische Substanz wie auch die Vernunft und das Gefühl sich verringern.

Es gibt immer weniger Menschen, die bereit sind, für sich und andere Verantwortung zu tragen. Immer seltener werden Persönlichkeiten, die über eine große Gesamtschau verfügen. Die Menschen müssen sich immer mehr in ihren Berufen spezialisieren, verlieren aber mit der einseitigen Entwicklung die Fähigkeit, Zusammenhänge zu erkennen. Unsere eben erlebte geschichtliche Tragödie zeigt nur zu deutlich, wohin es führt, wenn die Gesamtschau und Zusammenhänge verloren gehen. Sie war ein grausames Beispiel für den Verlust ethischer, seelischer und moralischer Substanz.

Die Gefahr für einen Teil der jungen Generation liegt darin, daß sie oft gar nicht merkt, daß sie genormte Urteile aus der Presse und aus dem Rundfunk als Eigenes übernimmt, ohne prüfen zu wollen und zu können. Es wird unendlich viel dargeboten, aber nur weniges davon wird erlebt. Sehen wir uns unser Teilgebiet der Kultur, die Musik an. Noch nie gab es einen solchen Musikbetrieb wie heute; noch nie konnten soviele Menschen durch mechanische Vervielfältigungen an Musik teilnehmen. Man kann von einer dauernden Musikberieselung sprechen. Alle Arten von Musik werden angeboten und konsumiert; doch noch nie haben die Menschen sowenig Urteilsfähigkeit gehabt, Minderwertiges von Wertvollem zu unterscheiden. Die Kritiklosigkeit des Publikums ist erstaunlich. Es wird grundsätzlich fast alles beklatscht, ob gut oder schlecht. Der Mensch ist nicht bereichert durch das Überangebot, sondern verarmt, er steht dem Kunstwerk unverbindlich gegenüber.

Wichtiger als Musik hören ist, daß der Mensch sich wieder selbst mit Musik auseinandersetzt und in der lebendigen Verbindung mit den Kunstwerken zu unterscheiden lernt zwischen den Werken, die das Innenleben bereichern, und jenen, die es verarmen. Aus der Zerstreuung müssen die Menschen wieder zur Konzentration geführt werden. Es muß ihnen gezeigt werden, daß Musik eine zentrale Ausdrucksform menschlichen Denkens und Fühlens ist. Musik sagt mehr über das Wesen des Menschen aus als jede andere Kunst. Wenn es uns gelingen würde, die Menschen wieder an das persönliche Erlebnis und die Auseinandersetzung mit der Musik heranzubringen, so würde auch der Streit und die Diskussion, ob alte oder neue Musik zu fördern sei, nicht sehr wichtig erscheinen. Es würde allein darauf ankommen, daß der Mensch eine persönliche Einstellung zur Musik gewönne. Vergangenheit, Gegenwart und Zukunft würden keine Gegensätze sein, sondern Inhalte, die uns persönlich ansprechen und mit denen wir uns auseinanderzusetzen haben.

Wir sind heute an einem Scheideweg angekommen und haben als Künstler zu bekennen: wollen wir uns und unser Werk weiter unter das geistige Gesetz beugen und auch unsere seelischen Möglichkeiten nicht verkümmern lassen, oder wollen wir mit unseren Fähigkeiten nur spielen, ohne Verantwortung für die Existenz des Menschen und seine geistige und seelische Entwicklung zu übernehmen. Aber für Spiel scheint die Zeit zu ernst zu sein. Wir leben in einem Jahrhundert, in dem die Freiheit des Geistes und die Würde des Menschen gefährdet sind. Der Künstler aber muß mit seinem Werk der Ethik dienen, wenn es Bestand haben will. Wehe den Künstlern, die Maßstäbe verloren haben, sich scheuen, ihr Werk an den großen Werken der Vergangenheit zu messen, ohne echte Tradition leben und damit den Boden und die Wurzeln verloren haben und im luftleeren Raum schweben. Es ist nicht nötig, um jeden Preis „Neues" zu schaffen, es ist aber notwendig, wahrhaftig zu sein.

Die größte geistige Revolution in unserer Welt wird es geben, wenn der Mensch wieder in seine wahre Bedeutung eingesetzt wird. Diese Idee wird an keiner Grenze halt machen. Wenn dieser neue uralte Mensch wieder ersteht, wenn er nicht nur mehr Mittel zum Zweck sein wird, sondern das einmalige Geschöpf der Schöpfung, jeder Mensch einmalig in der Vielfalt, kostbar in seinen Möglichkeiten der Entwicklung, dann wird auch das Schöpferische im Menschen neu erstehen und der musische Mensch wird wieder Raum auf dieser Erde haben. Der Mensch ist von der Schöpfung mit künstlerischen Fähigkeiten gedacht. Wenn er diese Gaben verkümmern läßt, wird er zum geistigen Krüppel. Der musische Mensch ist dem a-musischen, dem von der Nützlichkeitsidee besessenen Menschen überlegen durch die Fähigkeit, intensiver, reicher und leidensfähiger zu leben. Seine Freuden sind unendlich mannigfaltig.

Die Schönheit einer Blüte läßt ihn erschauern und stille werden, das Rauschen des Meeres, das Brausen eines herabstürzenden, tosenden, schäumenden Wasserfalles über Felsgestein und Schroffen erfaßt seine Seele und weckt die Urgründe des Seins in ihm. Die weißen dahinsegelnden Wolken am blauen Sommerhimmel und die Sternenpracht des dunklen Firmamentes lassen ihn die Weite des Alls ahnen; immer ist er in Gottnähe und immer sieht er hinter die Dinge. Dieser musische Mensch empfindet die Kunstwerke lebendig und erlebt sie. Auch oft gehörte oder gesehene Schöpfungen lassen seine Seele immer wieder schwingen. Es gibt keine Abnutzung der Gefühle, sondern jedesmal erlebt er neu und intensiv jene Kunstwerke in sich.

Der Nützlichkeitstyp unserer Zeit, der jede Beschäftigung nur darauf ansieht, ob sie materiellen Nutzen bringt, muß sich an den Unbilden dieser Welt stoßen, wenn sie ihm materiell abträglich sind; und er gewinnt dann ein pessimistisches Weltbild. Der musische Mensch leidet auch unter den Unbilden; aber da er weiß, daß es unverlierbare geistige Güter und Werte gibt, die er in sich trägt, kommt er zu einem unbezwingbaren Idealismus; er glaubt an die Menschheit. Die größten Leistungen der Menschen liegen ja nicht auf materiellem Gebiet. Musisch zu denken und zu fühlen bedeutet Lebensvertiefung und damit auch Lebenserweiterung. Jede Erweiterung im Denken und Fühlen führt uns zu neuen Erkenntnissen und Erfahrungen und wir gewinnen damit neue Tiefen, neue Perspektiven und wir betreten neue Räume und gewinnen neue Sichten. Und so bekommen wir auch den Anschluß an die Entwicklung und Erfahrung der modernen Naturwissenschaft.

Warum ich als Sänger alle diese Probleme in mein Buch aufnehme? Wir dürfen nie vergessen, daß alle Musik vom Gesang herkommt. Wir Sänger sind am schwersten geschädigt, wenn das Musische im Menschen erlischt. Viele moderne Kompositionen sind gegen die Stimme geschrieben, also auch gegen den Menschen. Wenn wir aber das Menschliche in der Musik auslöschen, dann ist sie zu Ende. Wir müßten nun ein neues Wort für diese Art Geräusche erfinden, deren Ordnung andere Grundlagen hat als die Musik. Da ich aber als Sänger von der Kraft und Stärke unserer menschlichen Empfindungen überzeugt bin, glaube ich an den schöpferischen Grund unseres Geistes und Herzens.

Wir müssen versuchen, das Wesen des Künstlerischen zu fassen, und dies ist nicht ganz einfach. Was geht im Menschen vor, ganz gleich, ob er schöpferisch tätig ist oder interpretiert, ob er intensiv mitschaut oder hört? Eines eint sie alle: Die gesammelte geistige Konzentration, das sich Loslösen vom Alltäglichen in jener geistigen Schau, die, wenn sie Vollendung bringt, nicht mehr von einem bewußten Ich geschaffen wird, sondern von dem eigenen Selbst losgelöst ist und Gefäß, Werkzeug und Eingebung eines höheren Willens ist. „Es" schafft im künstlerisch besessenen Menschen.

Es ist ein weiter Weg, der zu begehen ist, ehe wir die Zusammenfassung aller Kräfte in uns spüren. Es ist ein Weg mit Hindernissen, oft mit zuviel Wissen belastet, vom Handwerklichen angefüllt, von Technischem überschattet, mit künstlerischen Visionen gepeinigt, die zu Spannungen führen, bis nach heißem Bemühen und Streben sich eines Tages alles löst. An alle Schwierigkeiten kann man sich nun kaum mehr erinnern, plötzlich wird unsere Kunst einfach und alles ist neu geschöpft, wie improvisiert. Der Schimmer des neu Geschaffenen liegt über jeder Leistung.

Doch der Mensch muß sich klar darüber sein, daß dieser Weg Opfer von ihm fordert. Er muß seine Persönlichkeit entwickeln, muß den Mut haben, auch allein zu sein, um sein Schicksal selbst zu gestalten. Freuden und Leiden müssen bejaht werden. Nur in der Einsamkeit, in der heilenden Wüste wachsen einem die Kräfte zu, sich und die Umwelt zu erkennen. Die Gefahr unseres heutigen Lebens liegt darin, daß den meisten Menschen die Möglichkeit genommen wird, auch einmal einsam zu sein. In der Stille hört man erst seine inneren Stimmen. In der einsamen Natur oder in der Nacht können wir die Werte hinter den Dingen erkennen. Jeder kann sich eine solche heilende Wüste schaffen.

3. Phänomen des Singens

Niemand kann — und niemand sollte — Musik ausüben, dem nicht Singen die musikalischste Äußerung des Musizierens bedeutet.

Bruno Walter

Eine der ergreifenden Mythen unserer Menschheitsgeschichte ist dem Sänger gewidmet. Orpheus kann durch die Kraft, Schönheit und Beseeltheit seiner Stimme selbst den Tod bezwingen; er führt Eurydike aus der Unterwelt in das Leben zurück. Der menschlichen Stimme wird also so große Kraft zugemessen, daß mit ihr unser allergrößtes Lebensrätsel gelöst werden kann: den Tod zu überwinden.

Dem Sänger werden transzendente Kräfte zugesprochen, allein durch die Macht des Gesanges. Was ist dies nun, was uns aufhorchen läßt, was uns unmittelbar in seinen Bann zwingt, wenn eine schöne Stimme unser Ohr erreicht? Wir Menschen warten oft auf Wunder. Hier finden wir eines; dem Menschen ist ein Organ geschenkt worden mit einer Vielzahl von Muskelpaaren, Knorpeln und Knöchlein, die erst voll zur Entfaltung und Auswirkung kommen, nicht wenn der Mensch spricht, sondern wenn er singt.

Singen! Also eine völlig unnützliche Beschäftigung hat sich die Schöpfung für den Menschen erdacht. Ist das nicht ein Wunder und zugleich eine Verpflichtung, dieses Organ zum Tönen zu bringen? Was ist eigentlich singen, und warum singen wir? Hier kommen wir an einen der geheimnisvollen Urgründe der Schöpfung heran: es vollzieht sich in uns jedesmal, wenn wir singen, eine Wandlung.

Eben sind wir noch ein Mensch wie jeder andere; da erfaßt uns beim Ausströmen der Luft, die sich in Töne verwandelt, ein seltsames Losgelöstsein, ein Rausch, eine Erhöhung unserer Kräfte, ein Übersichhinauswachsen des Geistes, der Seele und des Körpers; wir sind abwesend von unserer sonstigen Welt und sind dabei von einer erhöhten Konzentration erfaßt. Wir sind entspannt und dabei in einer selten intensiven Spannung. Unser Ohr hört nur noch auf eine innere Klangvorstellung; wir schöpfen aus Quellen jenseits des Intellekts und entdecken, daß einfach „Singen an sich" schon eine schöpferische Tätigkeit ist. Es ist sehr wichtig für uns, daß wir völlig unabhängig von der Wiedergabe eines sängerischen Kunstwerkes diesem Phänomen „Singen" nachspüren.

Es ist etwas Seltsames an uns singenden Menschen. Wer hat es nicht schon erlebt, daß das Rauschen des Meeres, das Sausen des Windes oder das gleichmäßige Plätschern und Murmeln eines Gebirgsbächleins, wenn es unser Ohr erreicht, uns zwingend angeregt hat, mit im Rhythmus zu atmen und zu tönen; ohne daß man denkt, entströmen der Kehle melodische Bogen auf und ab, leise und lauter, und man ist eins mit der ewigen Natur und deren großen Gesetzen. Dieses Einssein mit der Natur bringt uns dem Phänomen „Singen" sehr nahe. Der singende Mensch würde also auch singen und hat auch gesungen, ehe noch Kunstwerke vorhanden waren, und er hat sich so mit der tönenden Natur vereint. Dies ist außerordentlich wichtig, weil Singen etwas Geschöpfliches und an die Natur Gebundenes ist. Singen war ohne Frage da, ehe es eine Kunst in unserem Sinne gab. Von diesem Urphänomen Singen schreibt Edwin Fischer: „Wir dürfen nie vergessen, daß alle Musik vom Gesang herkommt: die Ausdrucksfähigkeit einer schönen, beseelten Stimme sollte auch einem Instrumentalisten stets zum Vorbild dienen."

Aber gehen wir dem Phänomen Singen weiter nach. Wenn wir leiden und großen Kummer haben und im Schmerz erstarrt sind, können wir nicht singen. Jede Verkrampfung hindert das freie Strömen der Töne. Wir erleben dann aber auch das Umgekehrte, daß nämlich beim Singen sich die seelische Verkrampfung löst, daß uns eine Kraft erfaßt und daß wir nun mit frischem Mut dem Leben gegenüberstehen. Welche Psychotherapie hätte solche Heilmittel zur Verfügung? Doch Singen in diesem erlösenden Sinne muß entspannte Spannung sein, keine Hemmung und keine Enge dürfen die Töne zeigen. Es muß sein wie ein frei dahinfließender Strom, ohne jede Hemmung und doch geführt, ruhig und voll vom Atem getragen.

Das Wissen von Spannung und Entspannung ist wesentlich beim Singen. Wieder werden wir hier an ein tiefes Lebensgeheimnis herangeführt; denn wenn wir intensive Spannung und gelöste Entspanntheit in uns zu erfühlen lernen, werden sich auch unsere inneren, seelischen Schwierigkeiten lösen. Das Singen ist immer mit dem Leben verbunden. Daher auch das eigenartige Phänomen, daß ein guter Sänger die Hörer in ein erhöhtes Lebensgefühl versetzt. Der Sänger, der über einen ewig gleich ruhigen, ungehemmten tönenden Strom in seiner Stimme verfügt, einen Ton, der gewölbt ist und fein schwingend entschwebt, gibt dem Hörer das Gefühl der Unendlichkeit des Raumes und der Tiefe des Universums. Er rührt unmittelbar an seine Seele. Der Ton des singenden Menschen kommt aus der Tiefe seiner Seele, und wenn ein guter Sänger seine Seele in Tönen ausströmen läßt, so beginnt auch die Seele der Zuhörenden mitzuschwingen. Der Gesang ist eine der unmittelbarsten Verbindungen von Mensch zu Mensch, die vom Hörer nichts anderes verlangt, als noch die Fähigkeit, sein Ohr auf Seelisches einzustellen. Hören und seelisches Innenleben ist eng verknüpft. Doch es ist ein weiter Weg, den der moderne Mensch gehen muß, bis er wieder ein ungehemmtes, frei strömendes Organ sein eigen nennt. Nur wenige begnadete Menschen singen noch von Geburt an voll kreatürlich.

Wir haben einen Weg zurück und einen Weg vorwärts zu beschreiten. Zurück, weil der Sänger zurückfinden muß zum Urgeschöpflichen seines Seins. Er muß an seine ureigene Natur herangeführt werden; er muß das Singen körperlich erfühlen lernen, um sich dann wieder vom Körperlichen zu lösen. Erst dann wird die Stimme seines persönlichsten Inneren nur ihm allein angehören und kein zweites Mal auf der Erde existieren. Es gibt kein gleiches Stimmtimbre, weil dieses die seelische Schwingung einer Stimme ist. Und jede Seele ist eine Einmaligkeit. Erst wenn der Sänger diese seine Stimme kennt, ist er dem Urbild des Orpheus nahe.

Aber wie fremd ist dem heutigen Menschen ein lebendiges, natürliches Gefühl geworden?

Und vorwärts? Vorwärts, weil ein kreatürlicher Sänger noch lange kein Künstler ist. Hier beginnt das Geistige; durch Denkarbeit muß versucht werden, Kunstwerke zu erfassen, zu ergründen und auszudeuten, um dann Gefühl und Geist zur Synthese zu bringen. Das sängerische Phänomen erfordert es also immer, zwei Seiten zu bewältigen: das Kreatürliche und das Geistige.

Es fällt heute auf, daß die Menschen nicht mehr singen. Es gibt zwar viel Chormusik. Ich meine aber nicht reglementiertes Singen, sondern die einfache allgemeine Singefreudigkeit, dieses „Vorsichhinsingen“ als Zeichen positiven Lebensgefühles und Entspanntseins, die Freude an der Improvisation, das Bedürfnis, seine Stimmung in Melodienbögen und Rhythmen auszutönen. Früher sangen die Menschen schön und weniger schön selbst bei der primitivsten häuslichen Betätigung, bei der Arbeit auf dem Felde und im Handwerk. Heute hören wir nur das Radio bei geöffnetem Fenster. Wenn man in einem Großstadtgartenkarree sitzt und darauf achtet, was einem über das Ohr zugetragen wird; es spielen Kinder laut und rufen, ab und zu zwitschert ein Spatz, Autobremsen erschrecken uns, das Radio ertönt, aber nie singt ein Mensch. Wir haben also vergessen, daß wir ein Instrument in uns haben.

Aber ich sagte schon, daß Singen eine Erhöhung und Vertiefung des Lebensgefühls bringt. Können wir Menschen des XX. Jahrhunderts es uns leisten, in uns zu verarmen? Es scheint mir ein Wagnis zu sein, in einer Zeit des krassen Materialismus und des Fanatismus des Geschäftsgeistes ein Buch über Idealismus zu schreiben, in welchem ich Rechenschaft ablege über ein Tun, das einen außerordentlichen Zeitaufwand erfordert, um zunächst ein Handwerk gründlich zu erlernen und um dann erst zum Eigentlichen und Wesentlichen dieses Tuns vorzustoßen. Es verlangt eine Umkehr des Menschen. Dadurch, daß er beim Singen tief atmen muß, fühlt er die Mitte seines Seins und damit ist er in die Mitte alles Lebens versetzt.

II. MEISTER UND SCHÜLER

1. Der Gesangsmeister

Das Leben ist nur ein Aufgehen unserer Selbst in allen anderen, als ob Geschenk wir ihnen seien.
Boris Pasternak

Sicher ist es für den jungen Sänger das Schwierigste, einen guten Lehrer zu finden. Es ist deshalb so schwer, weil der junge Mensch ja seinem Studium völlig unkritisch und erfahrungslos gegenübersteht und keine Vorstellung vom richtigen Singen haben kann. Ihm fehlt noch jegliches Muskelgefühl für Spannung und Entspannung, und nirgends haben sich soviele falsche Vorstellungen angesammelt, nirgends gibt es soviel Illusionen wie beim Singen. Ich will versuchen, in diesem Kapitel einige Richtlinien aufzuzeigen, um dem jungen Menschen dazu zu verhelfen, daß er sein Studium nicht vergebens beginne. Wieviel Tränen, wieviel Enttäuschung, wieviel fehlgeleitete Energie, wieviel Irrtümer, wieviel kranke Stimmen, wieviel zerstörte Leben sehen uns an, wenn wir aufmerksam beobachten, wieviel junge Sänger mit Hoffnung ihr Studium beginnen und wie wenig ihr Ziel erreichen.

Was muß der junge Sänger von seinem Gesangsmeister verlangen können? Meist bin ich da über die Kritiklosigkeit des jungen Menschen überrascht. Denn eins müßte man doch voraussetzen: daß der Meister oder die Meisterin ihr Handwerk verstehen und selber gut singen können und zwar bis ins hohe Alter. Was nützt ein berühmter Sängername, wenn der Sänger in jungen Jahren seine Stimme verliert und von da seine Schüler an allen seinen Fehlern teilhaben läßt. Gigli und Battistini und Lilli Lehmann sangen bis ins hohe Alter; sie waren eben große Könner. Kein Geiger oder Bläser käme auf die Idee, zu einem Lehrer zu gehen, der sein Instrument nicht beherrscht. Und da sind wir schon beim ersten Irrtum angelangt. Es stimmt nicht, daß sich eine Stimme frühzeitig aufbrauchen muß. Ein Sänger, der gut ausgebildet ist, der im Handwerklichen vollendet ist, der etwas von den Gesetzen des Hörens und Fühlens des Stimmapparates weiß, erhält sich die Stimme bis ins Alter. Allerdings muß dieser Sänger nicht nur Natursänger, sondern ein Könner sein.

Einem häufigen zweiten Irrtum bei jungen Studierenden muß ebenfalls entgegengetreten werden. Es ist ein böses Vorurteil, zu glauben, daß das sängerische Studium besonders kurz sei. Der Instrumentalist braucht 10 bis 12 Jahre, ehe er ein Musiker, Könner und Künstler ist, warum sollte der Sänger es um sovieles schneller schaffen können? Es genügt nicht nur, daß die Stimme schön klingt, dies ist bei Natursängern nicht allzu selten. Sie muß so ausgebildet werden, daß sie sozusagen von den Zinsen lebt und nicht vom Kapital. Überdies muß der Sänger ein guter Musiker werden. Es ist tragisch, daß Sänger meist im Alter zwischen 40 und 50 Jahren aufgebraucht sind, wenn sie eigentlich eben erst die Reife erreichen, um Kunstwerke geistig völlig zu erfassen.

Die guten Instrumentalisten haben ihre Höhepunkte zwischen 50 und 60 Jahren; dann erst sind Handwerk und künstlerische Gestaltung eine Einheit geworden. Nun braucht ein Sänger nicht 10—12 Jahre in Klausur zu leben; aber er muß wissen, daß seine Stimme und sein künstlerisches Wachsen und Reifen 10—12 Jahre benötigt und daß er in dieser Zeit unter Kontrolle stehen muß. Es ist eine Eigenart der Sänger, daß sie erst spät zur eigenen Kontrolle kommen. Ganz genau beurteilen können sie selten, wie ihre Stimme im Raum klingt. Sie sind immer auf einen Stimmkenner angewiesen, der ihnen hilft, selbst auf der Höhe ihres Könnens auch die kleinsten Unebenheiten auszumerzen und auszugleichen.

Das Lehrer-Schüler-Verhältnis gehört seit altersher zu den grundlegenden Bindungen des Lebens und schließt daher hohe Verantwortung des Lehrers in sich ein, weit über den Rahmen seines Unterrichtsfaches hinaus. Was macht denn den Meister aus? Der junge Mensch muß spüren, daß Werk, Künstler und Mensch eine Einheit sind. Er muß fühlen, daß die Luft, die er hier atmet, Höhenluft ist, dünner und klarer, aber intensiv. Er wird in der ersten Zeit kaum verstehen, was eigentlich von ihm verlangt wird; aber er muß ahnen, daß ihm hier ein Weg gezeigt wird, der zur Meisterschaft führen kann.

Es werden, je nach Anlage des Schülers, Monate, vielleicht Jahre mit den Übungen angefüllt sein, die das handwerkliche Können des Singens vermitteln. Aber schon bei den handwerklichen Stimmübungen wird die Basis zur Vollendung des Künstlerischen gelegt werden müssen. Sehr bald liegen Charakter und Seele, die Begabung und Fähigkeit des Schülers wie ein aufgeschlagenes Buch vor dem Lehrer. Man kann sehr bald aus der Art des Übens, des Aufnehmens und der Konzentrationsfähigkeit den Menschen erkennen. Und hier schon muß mit nie erlahmender Geduld Wesentliches für die künstlerische Bewährung entwickelt werden. Dem Schüler muß beigebracht werden, daß schon in der Kleinstarbeit der Beginn des Großen liegt. Er muß zu Ausdauer und Fleiß erzogen werden und zu angespanntester Konzentration.

Aufgabe des Meisters ist es, frühzeitig die künstlerischen Fähigkeiten des Schülers zu wecken. In der kleinsten Übungsphrase kann man ihm wesentliche künstlerische Gesetze beibringen: vor allem Spannung und Entspannung zu fühlen und das Ein- und Ausatmen zu erleben. Sehr bald wird der Schüler merken, wie schwer es ist, nur in der gleichen Tonqualität auf- und abwärts zu singen. Noch schwieriger ist es, einen ruhenden Ton schwebend und schwingend, mit gelöster Kehle zu singen. Immer wieder muß der Lehrer selber vorsingen, um das Ohr des Schülers zu erziehen, um ihm ein Qualitätsgefühl für den richtigen Klang beizubringen. Lang ist der Weg, bis sein Gehörssinn dem Gehirn den Befehl für die Muskeln der Kehle und des Zwerchfells weiterleiten kann.

An Plattenbeispielen großer Sänger zeigt man dem Schüler, warum man diese Art Übungen mit ihm macht. Er darf bei den handwerklichen Übungen nie das letzte Ziel aus den Augen und Ohren verlieren: daß nämlich der Endzweck aller Arbeit das künstlerische Gestalten ist. Allerdings muß man im Anfang oft energisch mit Illusionen aufräumen, die vielfach gerade junge Sänger mit guten Naturstimmen mitbringen. Ihnen muß man mit Humor und Ironie zeigen, daß Brüllen nicht Singen ist. Man muß sofort den Sinn für Stimmqualität wecken und alle Schattierungen und Differenzierungen zeigen, zu denen eine menschliche Stimme fähig ist. Busoni spielte im Alter nur noch piano, aber so abschattiert, daß man die Dynamik des Werkes besser wahrnahm, als wenn er forte gespielt hätte. Je älter ein Künstler wird, desto sparsamer verwendet er das „forte". Nur für einige letzte große Höhepunkte bewahrt man sich die letzte Kraftwirkung.

Den Sänger muß man stets auch auf gute Instrumentalisten hinweisen. Casals Bachspiel kann größere Anregung und besseres Beispiel für das Singen von Kantaten sein als die meisten Sängerbeispiele. Koloraturen in den Solosuiten von Bach, von Casals gespielt, sind für den Sänger eine Fundgrube an Beispielen zur Befreiung Bachscher Koloraturen aus maschineller Eintönigkeit. Schuberts Impromptus, von Edwin Fischer gespielt, sind beseelte Musterbeispiele für die Phrasierung der Schubertlieder. Hier muß nun auf eine Einseitigkeit vieler Sänger hingewiesen werden. Sie interessieren sich meist nur für die Stimme (oft nur für die eigene) und für Gesangskompositionen. Aber alle Einseitigkeit läßt verarmen und verkümmern. Der Meister muß seine Schüler mit dem ganzen Reichtum der Musik bekannt und vertraut machen. Die schöne, aber sehr schwere Arie der Leonore aus „Fidelio" kann man musikalisch erst ganz erfassen, wenn man mit der Sonatenform Beethovens völlig vertraut ist und wenn man diese Arie architektonisch aufbaut.

In seiner inneren Klangvorstellung muß der Lehrer ein genaues Bild der Stimme des Schülers haben, wie sie einmal klingen soll, wenn sie frei und ruhig auf dem Atem strömt. Er muß in seinen Übungen schöpferisch sein und mit genauer Einfühlung spüren, welche Art von Übungen für die Kehle des Schülers notwendig und geeignet ist. Sehr wichtig scheint mir, daß der Lehrer eine vitale Persönlichkeit ist; denn er muß ja seine Aktivität auf den Schüler übertragen. Wer kennt nicht die Tage, an denen Wetterstimmungen die Menschen beeinflussen. Dann zieht eine Kette von matten und lahmen jungen Menschen vor mir auf, die nun unerbittlich aktiviert werden müssen. Kein Unterricht erfordert eine derartige psychische und physische Ausstrahlung wie der Gesangsunterricht; denn der sängerische Ton beginnt erst zu klingen und zu schwingen, wenn eine besondere Aktivität des Zwerchfells angeregt wird.

Immer muß sich der Meister bewußt sein, daß er für jeden Schüler volle Verantwortung trägt. Mit seiner Einfühlung muß der Lehrer herausfinden, wann er lobend stützen muß oder wann er die Kritik des Schülers seiner eigenen Arbeit gegenüber zu wecken hat. Der Schüler ist ein sehr empfindliches und sensibles Geschöpf. Jede Äußerung und jede Kritik der Stimme trifft das Seelenleben des Singenden und strahlt von dort aus auf das Singen zurück. Die sängerische Disposition ist ein Spiegel der seelischen Verfassung. Der Lehrende hat also nicht nur den Sänger, sondern auch den Menschen immer im Auge zu behalten. Während des

Studiums hat der Lehrer das Selbstgefühl des Schülers zu stützen. Der Glaube an die eigene Stimme und die künstlerische Potenz muß erhalten und gestärkt werden. Die Härte des Berufslebens zwingt den Meister, den Schüler vorsichtig abzuhärten, damit die Empfindsamkeit des Sängers nicht dessen neurovegetatives Nervensystem ungünstig beeinflußt, auf daß er nicht bei jeder Härte im Leben draußen versagt. Aber, wenn er versagt, muß der Lehrer voll und ganz hinter ihm stehen, ihm helfen, über die ersten beruflichen Enttäuschungen hinweg zu kommen. Er muß immer wieder sein Selbstgefühl stützen, mit ihm alle Fehlschläge besprechen und ihn damit langsam weiter abhärten.

Normen lassen sich bei der künstlerischen Entwicklung niemals aufstellen. Wir haben es immer mit einer Einmaligkeit zu tun. Jede Entwicklung und Reife ist verschieden. Der eine braucht länger, um frei und ungehemmt öffentlich musizieren zu können, als der andere. Mit feinem Gefühl muß man abtasten, wann man den jungen Sänger, ohne daß er Schaden nimmt, der Öffentlichkeit präsentiert. Frühzeitig soll man anfangen, seine jungen Sänger vor anderen musizieren zu lassen. Zunächst nur bei häuslichen Musikstunden. Dort müssen sie völlig das Gefühl verlieren, daß andere Menschen zuhören und daß Singen vor anderen eine Staatsaktion sei. In die Musikpraxis kann man einen Sänger erst gehen lassen, wenn die Stimme handwerklich und künstlerisch gesichert ist und er nicht vom Kapital, sondern von seinen Zinsen lebt.

Es gibt leider viele schlechte Lehrer; sonst würden nicht soviel halbfertige und unausgebildete Sänger auf die Opern- und Konzertbühnen losgelassen werden. Sie singen dort 3—4 Jahre und dann sind sie vom Erdboden verschwunden. Wenn man hört, daß Sängerinnen mit 21 Jahren die „Senta“ singen, dann weiß jeder wirkliche Pädagoge, daß das ein Kometendasein ist, hell aufleuchtend und rasch erlöschend. Es gibt eine Schallplatte „Tristan und Isolde“ unter Furtwängler mit Kirsten Flagstad. Jeder konnte sich leicht ausrechnen, daß Kirsten Flagstad bei dieser Aufnahme über 50 Jahre alt war. Wie herrlich rund, offen, ungehemmt, ohne jede Spannung strömte ihre Stimme, in der Tiefe voll und sammetartig, strahlend offen und schlank in der Höhe, reif und groß in der Darstellung ihrer Partie. Eine beglückende Sängerleistung, Können und Kunst gleich überzeugend! Von Kirsten Flagstad wissen wir, daß sie lange an ihrer Stimme gearbeitet hat. Es wäre überhaupt eine interessante pädagogische Aufgabe, berühmte Sängerlaufbahnen daraufhin zu untersuchen, wie lange deren Stimme hielt und welche Gründe zu ihrer Zerstörung und Abnutzung führten.

Wenn ich von schlechten Lehrern spreche, muß ich aber auch erwähnen, daß es schlechte Schüler gibt. Man kann ihnen alle Gefahren aufzeigen, sie warnen; alles nützt nichts, sie gehen ihren eigenen Weg und meist ins Unglück. Es handelt sich nicht darum, daß ein Sänger weniger sein

Ziel erreicht und man als Pädagoge recht gehabt hat. Ach nein, das wäre menschlich klein und unreif; aber man wird von dieser Art Schüler an innerer Kraft geschwächt. Jeder gute Pädagoge gibt alle seine Kraft für den jungen Menschen; Enttäuschungen hinterlassen Narben.

Der Meister darf aber nicht nur ein Stimmbildner sein, er muß auch die jungen Menschen, die ihm anvertraut sind, formen. Er muß sie menschlich entwickeln. Sein Wesen muß Kraft ausstrahlen und beispielhaft zeigen, daß, wenn man sich mit großen Meisterwerken beschäftigt und sich darin vertieft, die menschliche Haltung beeinflußt wird. Der Interpret muß heranwachsen an die Größe des Tondichters; er muß bescheiden und ehrfürchtig seiner Intention nachspüren, um das Werk wieder lebendig zu machen. Immer ist das Werk der Mittelpunkt und nicht der Nachschöpfende. Alle diese Gedanken und Gefühle muß der Lehrer versuchen, beim Schüler zu wecken und sie ihm vertraut zu machen. Er muß die jungen Herzen in Begeisterung versetzen und ihnen die heilige Besessenheit vermitteln, um die hohen Ziele zu erkämpfen. Das Leben mit all seinem Reichtum und seiner Problematik, seinen Höhen und Tiefen, den Freuden und Leiden, den Wundern und Enttäuschungen, mit seiner Vielschichtigkeit, der Schönheit und der Gewalt der Natur, der Unendlichkeit des Universums, des Werdens und Vergehens, muß der junge Künstler in sich aufnehmen, um daraus schöpfen zu können. Es wird heute viel über die Jugend geschrieben, sie wird getestet, und die Urteile sind mannigfaltig. Ich habe in 20jähriger pädagogischer Arbeit festgestellt, daß man die Jugend nur mit echten Werten und Zielen bekannt machen muß. Dann reagiert sie mit dem gleichen Idealismus, mit dem gleichen Fanatismus wie die Jugend vergangener Generationen. Zweifelhafte Jugendprobleme beweisen nur, daß die ältere Generation versagt. Es ist nicht immer bequem, mit jungen Menschen umzugehen. Es ist auch nicht leicht, immer gerecht zu sein. Die eigene Erfahrung kann zu Meinungsdifferenzen mit der Jugend führen. Aber man hüte sich als Lehrer vor starrer Rechthaberei und lasse immer als oberste Instanz das Herz sprechen. Es wird intuitiv den richtigen Weg weisen.

Zur Stimmpädagogik gehört eine ausgesprochene Begabung und viel Liebe. Die Arbeit ist ähnlich der eines Bildhauers. Er hat das Material vor sich, und nach seinem Vorstellungsvermögen formt er aus Ton oder Stein die Form, die sein inneres Auge sieht. Der Gesangsmeister hört das Stimmaterial, und sein inneres Ohr fängt an zu arbeiten und sich vorzustellen, wie einmal die Stimme veredelt klingen kann. Man soll aber nicht denken, daß man einfach zum Stimmpädagogen geboren ist. Viele Jahre Erfahrung in gemeinsamer Arbeit mit einem großen Gesangspädagogen müssen Ohr und Geist schulen, bis man über die völlige Sicherheit der Diagnose verfügt. Es ist ein Irrtum zu glauben, daß alle Opernsänger, wenn sie von der Bühne abtreten, selbstverständlich Unterricht erteilen können. Ein guter Sänger ist noch lange kein guter Pädagoge. Zum Unterrichten gehört Altruismus, Idealismus und Sensibilität. Der Meister muß fühlen, was in seinem Schüler sängerisch und menschlich vor sich geht. Egozentrisch eingestellte Menschen können keine guten Pädagogen sein.

2. *Der werdende Sänger*

Zu gern gefallen sich die Erwachsenen in dem traurigen Amt, die Jugend darauf vorzubereiten, daß sie einmal das meiste von dem, was ihr jetzt das Herz und den Sinn erhebt, als Illusion ansehen wird. Im Jugendidealismus aber erschaut der Mensch die Wahrheit. In ihm besitzt er einen Reichtum, den er gegen nichts eintauschen soll.

ALBERT SCHWEITZER

Vom Jugendidealismus kann man nur aus eigener Anschauung und Erinnerung reden. Deshalb lasse man es sich gefallen, wenn an die Stelle der reinen Sachlichkeit nun Persönliches und Persönlichstes, ohne Ansehen der Person, auch der eigenen, tritt. So war es:

Wenn ich jetzt dreißig Jahre im Geist zurückgehe, sehe ich mich als junge Sängerin, verzweifelt, deprimiert, ratlos, weil ich spürte, daß ich nach eineinhalb Jahren Studium in der Entwicklung meiner Stimme nicht weitergekommen war. Das heiße Wollen, sich musikalisch ausdrücken zu können, die Stimme frei von Zwang und Krampf zu bilden, beschäftigte mich Tag und Nacht. Was tun? Die Lehrerin war sympathisch und menschlich nett zu mir; aber sie konnte mir den Weg zur Entwicklung meiner Stimme nicht zeigen. Welche Qualen erlebt ein junger Mensch, wenn er spürt, daß er einen falschen Weg geht! Aber war man nicht seiner Stimme verpflichtet, sollte man nicht dem inneren Zwang folgen, um künstlerisch zu reifen? So muß man die Verbindung lösen. Ich tat es und stand nun vor dem Problem, unter vielen Hundert Lehrern den zu finden, der mir den Weg zum befreiten strömenden Singen zeigt. Glücklich der Sänger, dem sein Instinkt sagt, was ihm fehlt und was am meisten gearbeitet werden muß! Bei mir stand fest, ich brauchte einen Meister, der mir erst einmal das Handwerk beibringen mußte. Und ich sehe mich noch in Berlin auf dem Kurfürstendamm, die Notenmappe unter dem Arm, zu einem berühmten Gesangspädagogen marschieren. Sein Ruf und sein Name waren mir bekannt, persönlich kannte ich ihn aber nicht. Mein Herz klopfte, ich zitterte, und in mir war nur eine einzige Frage: wird meine Stimme Gnade vor seinen Ohren finden, wird er mich nehmen? Und dann saß ich im Wartezimmer und betete vor mich hin, „Lieber Gott, laß ihn nicht dick sein und reinseidene Hemden tragen!“ (Ich hatte grade vorher einen sehr dicken Gesangspädagogen kennen gelernt, der immer schwitzte und plumpe Witze machte.) Nein — dick war er nicht, und seidene Hemden trug er auch nicht, sondern dicke Sportpullover, und er strahlte soviel Wärme und Güte aus, daß das Vertrauen und der Kontakt sofort hergestellt waren. Beim Vorsingen stellte er nach dem ersten Lied fest: „Sie sind kein Alt, sondern ein Sopran." Als ich meinte, ich hätte aber keine Höhe, lachte er, machte mit mir einige Stimmübungen und überraschte mich selbst mit meinen hohen Tönen. Ich hatte das große Los gezogen, ich wurde als Schülerin angenommen und für mich waren die Zweifel und Sorgen zu Ende. Es begannen nun Jahre schwerster, anstrengendster, unerbittlichster Arbeit. Eine völlig neue Welt erschloß sich mir. Wenn ich an die Jahre meines Studiums denke, so fühle ich heute noch die Spannung, Erregung und Konzentration vor jeder Unterrichtsstunde. Nun war das Leben beherrscht von den Fragen: Hatte man gut oder schlecht gesungen, kam man den Dingen näher, löste sich das Geheimnis Stimme? Ohne daß wir Schüler es bemerkten, veränderten wir uns unter der Hand unseres Meisters. Singende Menschen müssen zu allererst atmen lernen und je weiter wir es zu beherrschter Ein- und Ausatmung brachten, desto beherrschter und ruhiger wurde unser ganzes Wesen. Es vollzog sich eine Wandlung.

Durch die Atmung erwerben wir Konzentrationsfähigkeit, Aktivität und Intensität. Wir nahmen es sehr wichtig, einen Ton ruhig auf den Atem setzen zu können oder in äußerster Beweglichkeit Tonfiguren auf und ab mit Atem und Glottis zeichnen zu können. Wie glücklich war man, wenn man einen richtigen Schwellton singen konnte, und wie ratlos und unzufrieden war man bei den ersten Textversuchen. In der Technik war alles gelungen und beim Textsingen fügte es sich nicht mehr zusammen. Man hörte innerlich anders, als man es auszudrücken vermochte. Als ich mich jetzt mit Sri Aurobindo, dem großen indischen Seher, befaßte und darüber nachdachte, ob auch wir Abendländer spirituelle Erfahrungen gesammelt haben, wurde mir völlig klar, daß unsere intensive, konzentrierte Kleinstarbeit, die langsam und stetig die Kehlbeherrschung erbrachte und uns zu den großen, geistigen Zusammenhängen in der Musik erzog, eine von den spirituellen Erfahrungen ist, die wir Abendländer bei konsequenter Ausdauer erreichen können.

Mit welcher Intensität hörte man damals Musik. Ich hatte einen Plattenspieler, ein Geschenk von Freunden, ein gutes altes Stück, das man noch selber aufdrehen mußte. Ich hatte mir dann die ersten Platten gekauft: „Doppelviolinkonzert d-Moll von Bach", „Beethovens Quartett op 95 f-Moll", „Pace" aus „Macht des Schicksals" gesungen von Dusolina Giannini Ich konnte kaum erwarten, die Platten zu hören. Ich verspüre heute noch den Hauch der Ewigkeit, der mich anrührte, als sich die zwei Geigenstimmen im langsamen Satz des d-Moll Konzerts ineinander verflochten und nebeneinander aufstiegen. Diese Platte ist übrigens eine Seltenheit geworden. Es spielte der 12jährige Menuhin mit seinem Lehrer Enesco.

Selbstverständlich war man kein ausgeglichener Mensch. Einmal glaubte man nach den Sternen greifen zu können, dann schwebte man wie auf rosafarbenen Abendwolken, dann lag man wieder zertrümmert am Boden und verzweifelte an seinen Fähigkeiten und Talenten und wünschte mit dem Feuer der Jugend den Tod herbei. Aber nie hörte die Besessenheit auf, singen zu wollen.

Mit grenzenlosem Idealismus gingen wir an unsere Arbeit, erfüllt von Musik und hohen Menschheitszielen. Wir glaubten an die Güte des menschlichen Herzens, wir erhofften die Evolution der Menschheit. Grausamkeit und Rassenvorurteil waren für uns finstere Barbarei, und wir begeisterten uns für alles Schöne und Edle. In uns wuchs ein Humanitätsideal, das um so fester und unverbrüchlicher war, je grausamer und unmenschlicher es um uns zuging. Wir waren sehr ernst, weil wir in einer Zeit leben mußten, in der viele Werte zerbrachen und in welcher wir uns täglich zu bewähren hatten. Alle Begriffe mußten neu durchdacht und geprüft werden, ob sie würdig waren in die Zukunft mitgenommen zu werden. Nächte diskutierten wir die Frage, welche Tradition echt sei und welche man über Bord gehen lassen könnte. Als dann die Bombennächte kamen und Tod, Trümmer und Verderben um uns war, legten wir abends bis zum Alarm Bach- und Brucknerplatten auf, um innerlich gewappnet allem Schweren entgegengehen zu können. Wir waren nie satt, geistig und körperlich hungerten wir, aber wir erlebten eine wesentliche Zeit. Musik ist uns ein unverlierbarer Besitz geworden, weil wir erfahren haben, welche Kraftquelle sie für uns sein kann, sogar im Angesicht des Todes.

Frage ich mich nun: was ist von all dem Idealismus übrig geblieben? Ich kann als Antwort eines der tiefsten Worte meines Freundes Ernst von Harnack sagen, der zu den Toten des 20. Juli 1944 gehört: „Meine Illusion über die Menschen ist dahin, aber meinen Idealismus für die Menschheit nehme ich mit ins Grab."

Wehe dem Menschen, der seinen Idealismus aus angeblicher Erfahrung einbüßt. Er lebt dann in einer dürren Wüste als Verschmachtender.

Warum ich dies Credo hier einfüge? Weil Kunst und Menschentum sich nicht trennen lassen. Und junge Menschen, die sich der Kunst verschreiben, müssen wissen, daß hohe Anforderungen an sie ergehen. Glaubt auch nie, daß Ihr auslernt; in der Kunst wie als Mensch gibt es kein Fertigsein. Wer da glaubt, daß er fertig sei, trägt den Verwesungskeim in sich. Das ist ja das Großartige unseres Berufs, daß wir ewiges Werden und Wachstum in uns haben. Vorstellungen des Klanges und des Ausdrucks können wir ständig verschönern, vertiefen, erweitern und vervollkommnen. Das Gefühl und Wissen um crescendo und decrescendo, das Mitatmen in der Pause und das Aushalten einer Fermate, das Wissen um dynamische Höhepunkte, um die Übergänge, alle diese und ähnliche musikalische Fragen verfeinern sich im Laufe der Jahre. Auch dies müßt Ihr Euch zu eigen machen: Talent und Begabung sind notwendig, machen aber nicht den Künstler aus, wenn nicht unermüdlicher Fleiß, Ausdauer und Energie dazutreten. Aber auch ein gefestigter Charakter und gute Nerven sind für den Künstlerberuf genauso ausschlaggebend wie das Talent.

Auf den jungen Sänger strömen unendlich mannigfaltige Einflüsse der Umwelt ein, die Bezug auf seine Stimme haben. Alle Menschen hören verschieden und haben eigene Geschmacksrichtungen auch bezüglich der Sängerstimmen. Der eine liebt ein silbernes Timbre, der andere bevorzugt volle, goldene Töne, der dritte liebt nur Koloraturstimmen, der vierte empfindet nur seelisch Ansprechbares bei tiefen Stimmen. Alle Menschen glauben nun dem jungen Sänger ihre Meinung über seine Stimme sagen zu müssen. Welche Charakterstärke, welche innere Überzeugungskraft braucht ein junger Mensch, um sich vor sich selbst zu behaupten. Überhaupt stellen wir Sänger fest, daß in unserem Beruf fast jeder Hörer und noch mehr jeder Musiker ein verkappter Stimmpädagoge ist oder sein möchte, der uns mit unerbetenen Ratschlägen überfällt und oft auch beunruhigt. Keinem Nichtfachmann würde es einfallen, einem Pianisten oder einem anderen Instrumentalisten technische Ratschläge zu geben. Aber bei Sängern will jeder verbessern und ändern. Es gehört viel Intelligenz und Liebenswürdigkeit dazu, diese Anderen nicht zu verletzen und doch seinen Weg unbeirrbar weiter zu gehen. Nicht etwa, daß wir Sänger nicht kritisiert sein wollen. Sehr aufmerksam sollen wir hinhören, wenn man bestimmte Mängel feststellt. Aber technische Ratschläge sollten wir innerlich sehr kühl abtun. Sind wir in einer guten Schule, so wird der Meister selbst die Mängel am besten kennen und verbessern. Sind wir schon von unserem Lehrer entfernt, so müssen wir unser sängerisches Wissen, unseren sängerischen Instinkt und unsere Muskelerfahrung einsetzen, um Fehler aufzudecken. Jeder gute Sänger weiß und fühlt, wann er Spannungen hat, und muß versuchen, sie sofort zu beseitigen. Es gibt manche Partien, in denen sich Spannungen einschleichen können, wie z. B. bei musikalisch schwierigen Stellen oder bei großen Spannungsunterschieden oder in unbequemen Lagen. Es gibt dann nur eine Hilfe: üben, bis die Spannung gelöst ist. Habt immer ein kritisches Ohr der eigenen Stimme gegenüber!

Junge Stimmen darf man nicht in einer Richtung überlasten. Habt Ihr viel Bach gesungen, so greift schnell einmal zu Verdi und Puccini. Instrumentales Singen muß ausgeglichen werden mit strömenden Kantilenen und Fülle in der Mittellage. Vermeidet jede Einseitigkeit! Alles Festlegen auf eine Linie macht Euch arm; auch verlernt die Stimme, die reichen Möglichkeiten zu nutzen, welche die Vokalliteratur uns bietet. Wer immer nur große dramatische Partien übernimmt und die Geläufigkeit vernachlässigt, büßt sehr schnell auch in seinen dramatischen Partien die Biegsamkeit der Stimme ein und verliert die Fähigkeit der dynamischen Schattierung. Wer aber nur nach Beweglichkeit drängt, wird das spinnende belcanto der Kantilene (das filato) verlernen. Und zwischen allem immer wieder federnde Sprechübungen mit elastischem Zwerchfell machen, damit die Diktion sich ständig verfeinert! Einen kategorischen Imperativ gibt es für jeden Sänger: niemals uneingesungen auf das Podium gehen! Der eine Sänger braucht kurze Zeit, um seine Stimme lebendig zu machen, andere brauchen länger dazu; aber uneingesungen eine künstlerische Leistung darzubieten, ist gröblicher Dilettantismus. Maria Malibran, eine berühmte Sängerin des vorigen Jahrhunderts, aus der Sängerdynastie Garcia stammend, sang vor jedem Auftreten alle Koloraturen, die sie abends in ihrer Partie brauchte, mehrmals im Künstlerzimmer durch, um sie dann auf dem Podium leicht, spielend, leuchtend und perlend zur Verfügung zu haben. Je mehr ein Sänger kann, desto gewissenhafter ist er dem Kunstwerk gegenüber. Sein Ohr ist so anspruchsvoll geworden, daß ein undisziplinierter Übergang, ein unterbrochenes crescendo oder decrescendo, ein gestoßenes Intervall ihn bei der eigenen Leistung unbefriedigt läßt und unglücklich macht. Ich kann nicht zählen, wie oft ich die c-Stelle in der Nilszene der Aida geübt habe, bis ich der Vorschrift Verdis genügte, ein „dolce" c 3 mit einem leichten crescendo zu erreichen und dann piano den Ton abzuziehen. Aber jede Mühe um das Werk lohnt sich. Eines Tages wird alles natürlich, selbstverständlich und von selbst gelöst.

Wie soll nun die Ausbildung eines Sängers aussehen? Jeder Sänger sollte neben der handwerklichen Ausbildung eine gründliche allgemeine Musikausbildung erstreben. Dazu gehört vor allem auch das Spiel eines Instrumentes. Meist wird wohl das Klavier das richtige Instrument sein, weil man auf ihm nicht nur eine Stimme im Notenbild verfolgen kann; man lernt auch polyphon und akkordisch lesen.

Zur Ausbildung gehört eine gute Kenntnis der Musikgeschichte und ein genaues Wissen um alle Stilarten. Es wäre auch vorteilhaft, wenn Sänger Partituren lesen könnten, um das Instrumentarium des Orchesters klangmäßig zu erfassen. Es scheint mir in musikalischer und technischer Beziehung wünschenswert zu sein, beispielsweise eine Modulation vor einem Sängereinsatz genau zu übersehen und zu hören, anstatt angstvoll vielleicht die Takte bis zum Einsatz auszählen zu müssen. Und vieles andere mehr.

Der Sänger soll sich auch mit Harmonielehre, Generalbass, Modulation und Kontrapunkt beschäftigen und vor allem musikalisch sein Gehör treffsicher entwickeln. Bedenken wir und vergessen wir nicht, daß es im 17. und 18. Jahrhundert zur Sängerausbildung selbstverständlich dazugehörte, daß ein Sänger die Verzierungen und Cadenzen, ebenso wie jeder Instrumentalist, selbst improvisieren konnte. Dies alles gehört zum Handwerk.

Die Bestrebungen, die Sängerausbildung zu vertiefen, gibt es schon seit Jahrzehnten. Die Praxis sieht jedoch völlig anders aus. Immer wird die schöne Stimme entscheidend sein, und jedem Kapellmeister und Agenten ist es im Grunde gleichgültig, ob ein Sänger musikalisch vollendet ausgebildet ist. Für ihn ist allein wichtig und maßgebend, daß die Stimme „ankommt". Dem Gesangsmeister aber ist die Verantwortung in die Hand gelegt, den Sänger soviel wie möglich auch musikalisch zu schulen. Zur allgemeinen Ausbildung gehört überdies, daß der Sänger seine allgemeine Bildung fördert, seinen geistigen Horizont erweitert und seine Vorstellungsgabe und Visionskraft vertieft. Der Künstler muß ein unmittelbares Verhältnis zur Natur haben. Wer nicht die trostlose, graue Öde und Einsamkeit eines Novembertages in sich aufgenommen hat, wie will er die „Winterreise" gestalten? Wer nicht empfindet, wie leicht, wie schwerelos ein Sommertag in blühenden Wiesen schwingt, wie Insekten leise summen, ein leichter Wind über die Gräser streicht, weiße Wolken langsam über den blauen tiefen Himmel wandern, wie könnte ein Sänger ohne solche innere Erlebnisse „die Feldeinsamkeit" singen? Rauschende Wogen, wilde Stürme und der ewige Rhythmus der Gezeiten am Meer müssen erlebt sein, um sie in musikalische Gestaltung umformen zu können. Der Sänger muß sich aber auch mit Literatur beschäftigen. Kann man z.B. die „Harfner-" und „Mignonlieder" singen, ohne „Wilhelm Meister" gelesen zu haben? Schubert und Wolf haben Goethe gelesen, und der Interpret muß sich ebenfalls mit der Welt Goethes beschäftigen. Kann man dramatisch gestalten, wenn man nicht die großen Dramatiker der Weltliteratur liest, um von ihnen Charakter und Wesen des Menschen kennen zu lernen?

Aber alles Wissen und Können helfen uns nichts, wenn nicht das warme, volle Leben in uns selbst ist. Das menschliche Herz und der menschliche Geist müssen blühen.

Der Künstler muß dieses Leben mit seinen Freuden und Leiden bejahen und erfüllen, damit er ein Mittler und Künder für Geist und Seele wird. Keine Kunst kann je zu Herzen gehen, die nicht aus dem Herzen kommt, und die Beseelung aller Musik ist das Wesentliche.

III. DIE KUNST DES SINGENS

1. Was verstehen wir unter Handwerk?

Wie viele Jahre muß man nicht tun, um nur einigermaßen zu wissen, was und wie es zu tun ist.
GOETHE

Über Methoden des Singens zu schreiben, ist nicht sinnvoll; denn Singen ist eine Erfahrung. So wie ich mit Worten nicht erklären kann, was blau ist (man muß die Farbe sehen), so kann man auch nicht erklären, wie ein guter Ton klingt. Man muß ihn hören. Das Merkmal eines „vorne sitzenden Tons", wie die altitalienische Schule es ausdrückte, wird einfach gehört. Der Klang scheint vorne direkt vom Munde des Singenden zu kommen und nicht rückwärts aus dem Schlund. Eine bestimmte Methode anzuwenden scheint deshalb nicht sinnvoll, weil jede Stimme eigenen Gesetzen untersteht. Die Festlegung eines eingeschränkten, bestimmten Weges führt daher bestimmt nicht zum Ziele. Immer muß der Pädagoge mit Überraschungen im Entwicklungsgang des Schülers rechnen, und zwar sowohl nach der positiven wie nach der negativen Seite. Dies bedeutet aber natürlich nicht, daß der Weg des Singens planlos wäre. Es gibt einige Grundgesetze, die immer zu beachten sind.

Wenn wir uns mit der Schule der Yogis beschäftigen, stellen wir sofort fest, daß erst der Atem beherrscht sein muß, ehe der Mensch sich entspannen kann, um aus der völligen Entspannung zur geistigen Konzentration zu gelangen. Aber hier könnte der Lehrer schon Schiffbruch erleiden, wenn er stur am Anfang des Unterrichts Entspannung verlangen würde. Er würde erleben, daß sehr viele Schüler gar nicht verstehen und fühlen, was Entspannung und Aktivität beim Singen bedeuten. Es gibt heute viele Menschen ohne jegliche Spannung in ihrem Tun, so daß man sie erst einmal aktivieren muß, um über den Weg der Aktion zur bewußten Entspannung zu kommen. Ich sagte schon am Anfang, daß gutes Singen Erfahrung sei. Keinen Satz hat sich der junge Sänger so einzuprägen wie diesen. Singen kann man nicht theoretisch erlernen. Bücher, welche methodische Übungen bringen, sind nur für den Erfahrenen und Könner verständlich, nicht aber für Schüler. Warum ich dann überhaupt dieses Buch schreibe? Um immer wieder darauf hinzuweisen, daß Singen und Gehör, Singen und Muskelerfahrung, Singen und Atmen nur aus der Praxis zu erlernen sind. Die alt-italienischen Gesangsmeister und berühmten Pädagogen, wie die Familie Garcia, hatten recht, wenn sie jede Übung vorsangen, um das Ohr und über das Ohr die Muskeln des Schülers zu erziehen. Auch heute ist Nachahmung noch das wesentliche Schulungsmittel einer guten Gesangsschule. Erst wenn der junge Sänger Erfahrungen gesammelt hat, kann man ihm erklären, was er tut. Im übrigen habe ich immer wieder festgestellt, daß der künstlerisch sehr begabte Sänger völlig uninteressiert an theoretischen Erklärungen ist. Er ist allein besessen davon, die Klangvorstellung des guten Tones nachzuahmen und zu verwirklichen. Diesen instinktsicheren Sängern ist schwer beizubringen, warum man bestimmte Übungen macht, und daß sie die oder jene Art von Studien zum Einsingen oder zur Verbesserung brauchen. Sie machen dann ein leicht ungeduldiges Gesicht und sind erleichtert, wenn sie wieder in die Praxis zurückkehren. Gerade diesen Sängern mit der begabten Kehle muß der Pädagoge unbeirrtes handwerkliches Studium empfehlen und durchsetzen, sonst werden sie später im Berufsleben Krisen, die durch Krankheit und Erkältungen bei jeder Stimme auftreten, nicht überstehen.

Was bedeutet für den Sänger Handwerk? Genau das gleiche wie für jeden Instrumentalisten. Der Sänger muß sein Instrument voll beherrschen. Zum sängerischen Können gehören ein beherrschter, disziplinierter Atem, ein vorbildlicher, nicht geschleifter hoher Ansatz in jeder Tonstärke, ein offener Schlund, eine gut erzogene Glottis, um den Ton schlank und biegsam zu machen. Dazu kommt die Forderung nach großer Geläufigkeit. Auch große Stimmen müssen Koloraturen, Triller und Staccati beherrschen. Erforderlich bleibt ein berückendes Portamento mit beherrschtem Vibrato über dem ganzen Intervall. Die Intervalle im Deutschen Lied müssen vom Atem geführt werden, damit keine Unterbrechung der Linie erfolgt. Man braucht auch ein gespanntes Legato, welches die Italiener als „Filato“ bezeichnen, so wie eine „mezza di voce“, die über den ganzen Umfang der Stimme zur Verfügung stehen muß.

Die Stimme muß zu *einem* Register verschmolzen werden. Dazu gehört eine gestützte Kopfstimme, die über den ganzen Stimmumfang gezogen wird. Alle Töne der Mittel- und Bruststimme müssen gemischt werden. Nur die vorbildlich gemischte Stimme kann dynamisch schattieren. Jeder Ton der Stimme muß die Möglichkeit haben, im leisesten gestützten Piano zu beginnen, bis zum Forte anzuschwellen und ohne Bruch wieder ins äußerste Piano zurückzugehen.

Außer allem diesen muß das gesamte Gebiet der Sprache, also die Behandlung der Vokale, der Diphthonge und Konsonanten studiert und gekonnt sein. Der Vokalausgleich ist wesentlich für die Linienführung. Die Konsonanten müssen vom Atem gestützt sein, weil sonst keine gesponnene Linie erreicht werden kann. Besondere Aufmerksamkeit gehört dem „parlando“. Es muß leicht, federnd und deutlich artikuliert sein.

Es ist also eine sehr erhebliche Arbeit zu leisten, um die vollkommene technische Beherrschung der Stimme zu besitzen. Durchaus unmöglich ist es, dieses Ziel in zwei, drei Jahren zu erreichen. Je schöner eine Stimme ist, je besser die Disposition zum Singen ist, desto mehr ist man verpflichtet, das Höchste anzustreben. Der Sänger muß wissen, daß im Anfang seines Studiums ein exaktes technisches Studium steht, das bewältigt werden muß, ehe er zum „Textsingen“ kommt.

Der Form, in welcher heute meist Gesang unterrichtet wird, ist kein Erfolg beschieden; auch für uns haben die alt-italienischen Meister Vorbild zu sein. Ein Studium mit oft nur ein bis zwei Lektionen in der Woche reicht niemals aus. Tosi, Porpora, Garcia und alle großen Meister der Gesangskunst unterwiesen ihre Schüler täglich. Auch wir heute können nur zum Ziele kommen, wenn wir den Schüler möglichst täglich trainieren, um sein Ohr, seine Kehle und sein Klanggefühl zu erziehen. Es gibt viele deutsche Gesangsschulen, die glauben, daß sie ohne die Erfahrung der alt-italienischen Schule auskommen können. Sie glauben auch, daß die deutsche Sprache und die Art unserer deutschen Kompositionen für die Erziehung der Stimme nach altem Vorbild nicht geeignet wären. Wenn wir aber vorurteilslos unsere deutschen Sänger mit der Spitzenklasse der Italiener oder der Sänger vergleichen, die das Können der alten Schule noch haben, müssen wir feststellen, daß die letzteren in der Beherrschung der Stimmittel weit überlegen sind. Joan Sutherland, um nur ein Beispiel zu nennen, hat außer der schönen Stimme ein größeres Können als die meisten der deutschen Sänger. Ich sehe andererseits nicht ein, warum die deutsche Sprache und unsere Musik einem vorbildlichen Singen hinderlich sein sollten. Das „Wagnersingen" hat allerdings ein Absinken der Gesangskultur gebracht, weil vom Sänger vor allem die „große Röhre" verlangt wurde. Aber eine Kirsten Flagstad und ein Dietrich Fischer-Dieskau zeigen uns, daß man Wagner mit schlanker Stimme und gekonnter Stimmführung meistern kann. Eine sogenannte „dicke Stimme" kann keine Lieder singen. Eine Stimme jedoch von äußerster Biegsamkeit und Schlankheit kann, wenn dem Sänger die künstlerische Empfindung und Ausdrucksfähigkeit geschenkt ist, jedes Lied dynamisch schattieren und ausdeuten. Einer unbeweglichen Stimme, mag sie noch so groß sein, bleibt diese Möglichkeit versagt. Um Bach und Händel zu interpretieren, muß italienische Schulung vorausgesetzt werden. Selbstverständlich müssen wir den Diphthongen und Konsonanten der deutschen Sprache besondere Aufmerksamkeit schenken. Was bei jungen deutschen Nachwuchssängern auffällt, ist, daß sie vom Wesentlichen des Singens nichts wissen, nämlich ihre Stimme auf dem Atem ausströmen zu lassen. Die meisten Stimmen sind unruhig und blutleer. Meist liegt das nicht am Stimm-Material, sondern an der mangelnden Schulung. Nach einer Opernaufführung „Macht des Schicksals" in einer deutschen Großstadt kam ich einmal nach Haus und stellte das Radio an. Ich hörte zufällig Klänge der Oper, die ich eben gehört hatte, aber aus Italien. Endlich wieder strömendes, befreites, gekonntes Singen! Wie eine Erlösung wirkte es, nachdem ich vorher von aller „Piepserei" ganz erschöpft war. Carusos Wort stand deutlich vor mir „Nur wer zu atmen versteht, versteht zu singen." Auch das andere Wort von ihm klingt mir im Ohr: „Ihr Deutsche hättet viel mehr und viel schönere Stimmen, als man sie in Italien findet, aber Ihr habt weit weniger Sänger, die singen können." Dies ist ein vernichtendes Urteil für die deutsche Gesangsausbildung. Allerdings hatte diese schönste Tenorstimme zu ihrer Entwicklung über acht Jahre Arbeit beansprucht. Hier muß ein ernstes Wort an die Kapellmeister und Agenten gerichtet werden. Sehr viele Stimmen werden zu Grunde gerichtet, weil sie zu früh und falsch eingesetzt werden. Dramatische Rollen darf man keiner Sängerin im Alter von knapp über 20 Jahren geben, weil diese jungen Stimmen noch nicht reif und entwickelt sind. Dies ist meist erst um Mitte Dreißig der Fall. Lilli Lehmann hatte viele Jahre die Partie der „Donna Anna" für sich studiert; sie war Ende Dreißig, als sie sie auf der Bühne sang. Jeder Kapellmeister, vor allem, wenn er Opern dirigieren will, muß sich mit der Gesang-Stimme beschäftigen. Er muß wissen, was man von einer Stimme fordern kann und darf. Das große Vorbild ist Bruno Walter, der mit feinem Verständnis und Verantwortungsgefühl die Stimmen einsetzte. Mir tut der Hals und das Herz weh, wenn ich junge Sänger ihre Stimmen forcieren höre, weil man als Kenner sofort weiß, daß dies der Anfang vom Ende ist. Jeder Sänger hat heute die Möglichkeit, seine Stimme auf Band aufzunehmen, um sie dann mit den Könnern seines Faches zu vergleichen. Dies bedeutet nicht etwa, daß er nachahmen soll. Er soll aber sein Ohr dafür schärfen, um zu hören, was er nicht kann, und um sich dann zu bemühen und zu arbeiten, daß er sein Handwerk in Ordnung bringt. Schallplatten ausdrucksmäßig nachzuahmen, würde nichts anderes als Starre und Unlebendigkeit hervorrufen. Wer nicht seine Partie mit seinem Blut belebt, wird niemals überzeugen können. Ehe man sein Handwerk als Sänger beherrscht, werden alle Ausdrucksversuche Torso bleiben. Erst wenn man mit der Stimme frei schalten und walten kann, kommt jener herrliche Augenblick, der die innere Vorstellungskraft des Kunstwerkes in Klang umwandeln läßt. Um dies zu erreichen, gibt es nichts als Arbeit, Arbeit und Arbeit.

2. *Das Instrument*

> *Ein Sänger, der sich zum Herrn der materiellen Schwierigkeiten seiner Kunst aufschwingen will, muß den Mechanismus aller Teile des Organs, die an der Erzeugung der menschlichen Stimme beteiligt sind, kennen, in der Weise, um je nach Bedarf einen isolierten oder kombinierten Gebrauch davon zu machen.*
>
> E. GARCIA

Emanuel Garcia war einer der bedeutendsten Stimmpädagogen des 19. Jahrhunderts. Er und seine beiden Schwestern, Maria Malibran und Pauline Viardot-Garcia waren berühmte Sänger und Künstler. Emanuel Garcia erfand den Kehlkopfspiegel und leitete damit eine Stimmpädagogik ein, die große Irrtümer in die Stimmbehandlung brachte. Dadurch, daß Garcia selbst ein großer Sänger und Könner war und alle Erfahrungen an sich selbst erkannte, waren die Gefahren für seine Arbeit gebannt. Seine Epigonen aber und deren Schüler beschritten durch einseitige Mechanisierung und Auseinanderlegung der Funktionen des Singens einen verhängnisvollen Irrweg. Eine geniale Erfindung führte dazu, durch einseitige visuelle Erkenntnisse das wesentlichste Organ des Sängers, sein Gehör, auszuschalten. Plötzlich tauchten in den Gesangsmethoden Sätze auf wie: „Der Schüler beobachte an sich das Heben des Gaumensegels." Jeder kann es an sich sofort versuchen. Man nehme einen Spiegel und probiere zu sehen, wie das Gaumensegel sich hebt. Ein völlig verkrampfter Ton wird bestimmt das Ergebnis der Übung sein. Jede Spezialisierung auf einzelne mechanische Vorgänge ruft Kehlsteifheit hervor. Beim Gesangsunterricht gibt es keine andere Möglichkeit, als die Ganzheit des Organes zu entwickeln und die Funktionen im Gesamtablauf zu schulen. Es gehört also die Feststellung an den Beginn dieses Kapitels: Der ganze Mensch, sein Körper und seine Seele umfassen das Instrument.

Unsere sängerische Einstellung beginnt morgens beim Aufstehen. Jeder Sänger, jeder Sportler, überhaupt jeder Mensch, der eine Leistung vollbringen will, sollte morgens nach dem Erwachen 10 Minuten ruhig ein- und ausatmen und damit ein ruhiges Entspanntsein in sich erzielen. Ein Sänger, der morgens gehetzt und verkrampft aufsteht, hat die erste Vorbedingung zum Nicht-schön-singen geschaffen. Zu unserem Instrument gehört als das Wesentlichste der Atem.

Den Atemübungen sind 10 Minuten Lockerungsgymnastik anzufügen. Unbedingt muß man seinen Schultergürtel lockern. Hier helfen uns die Erfahrungen des Judo. Die Könner dieses Sportes lassen sich völlig entspannt fallen, um mit einem Sprung und Schwung wieder aufzustehen. Dies kann man natürlich nicht von jedem Sänger fordern, aber jeder muß jene Entspannung erreichen, die für seine speziellen Anforderungen gebraucht wird. Wer körperlich diese Form der Entspannung versteht und beherrscht, hat wichtigste Vorbedingungen für jede künstlerische Leistung geschaffen. Der Sänger kann viel vom Sportler lernen und der Sportler wieder manches vom Sänger.

Die beherrschte Atmung ist also die Voraussetzung für die Stimmerzeugung. Von der Artikulation hängt die Genauigkeit der Vokale und Konsonanten ab, von den Spannungsverhältnissen im Kehlkopf die Tonhöhe und vom Zwerchfelldruck die Tonstärke. Allerdings bestehen auch starke Abhängigkeiten von Atmung und Stimmlippenspannung in Bezug auf Tonhöhe und Tonstärke. Jeder Lehrer muß die physiologischen Voraussetzungen und Gesetze des Stimmapparates kennen. Als junger Mensch besuchte ich jede Universitätsklinik, die mir zugänglich war, um menschliche Kehlköpfe zu studieren. Ich zeichnete Schemata, um die Kompliziertheit der Knorpel und Muskelpaare, der Schließer, Spanner und Öffner kennen zu lernen, und das Wunder der Schöpfung atmete mir entgegen, wenn ich den Gesetzmäßigkeiten näher kam.

Aber es wurde mir sehr schnell klar, daß alle diese physiologischen Kenntnisse mir wohl ein Wissen von Muskelarbeit im Organismus vermittelten, mich aber keinen Schritt dem schönen und natürlichen Singen näher brachten. Bald gab ich diese zwecklosen Bemühungen auf und wendete mich wieder den eigentlichen sängerischen Problemen zu. Etwas Wesentliches hatte ich aber doch gelernt: man muß bei den Muskelpaaren die Antagonisten ausschalten lernen; doch bis zur sängerischen Auswertung dieser Erfahrung ist der Weg weit. Denn was nützt es einem Sänger, wenn er etwa weiß, daß der Musculus lateralis und der Musculus transversus die Stimmlippen schließen? Kann man diese Muskeln durch den Willen direkt bewegen? Sicherlich ist dies nicht möglich. Allein wichtig ist deshalb, daß unser Ohr dazu erzogen wird, den Befehl über die Nerven an das Gehirn weiter zu leiten und von dort aus die entsprechenden Muskelpaare zu innervieren. Je feiner das Ohr für den sängerischen Klang und Ton erzogen wird, desto sicherer wird der Befehl weitergegeben werden. Das Wort von Cerone (1609) hat für uns immer noch Gültigkeit: „Der vollendete Sänger singt mehr mit dem Ohre als mit dem Munde."

Selbstverständlich ist auch der Muskelsinn zu beteiligen, aber dies ist erst dann möglich, wenn der Sänger auf dem Wege über die Kontrolle der Stimme durch das Ohr die Muskelbeteiligung erkennen lernt. Man sieht, welch komplizierter Vorgang unser Instrument zum Klingen bringt. Auch der Natursänger mit der schönsten Stimme muß seine Fähigkeiten verbessern. Oft muß das Instrument aber überhaupt erst entwickelt und geschult werden, bis der Sänger zu einer willigen, natürlichen, kräftigen und leichten Handhabung seines Instrumentes kommt.

Zum Stimmorgan gehört auch noch das Ansatzrohr, welches aus Nasen-, Rachen- und Mundhöhle besteht. Es ist dies ein Schalltrichter, der Resonanz und Klangfarbe erzeugt. Alleinige Sprech- und Artikulationsübungen helfen dem Sänger sehr wenig, wenn diese nicht mit Zwerchfellübungen verbunden werden. Ein deutlicher und guter Sprecher ist noch lange kein guter Sänger. Ehe nicht Ansatz und Zwerchfell gekoppelt sind, haben Sprechübungen kaum viel Zweck für den Sänger. Sitzt aber die Stimme auf dem Atem, so kann der Sänger mit einiger Aufmerksamkeit und Übung ein sehr guter, nicht ermüdbarer Sprecher werden. Immer ist das bewegliche und federnde Zwerchfell der Ausgangspunkt auch zur Erreichung einer weichen, schwingenden und deutlichen Aussprache.

Wichtig ist es, daß Lehrer und Schüler genau die Grenzen, die Eigenarten und die besonderen Schönheiten des Instrumentes erkennen, an denen beide arbeiten. Die Wechselbeziehung von Lehrer und Schüler ist in der Arbeit ausschlaggebend. Der Schüler muß intuitiv aufnehmen, was der Lehrer fordert, und es bei sich schöpferisch verarbeiten, denn man kann wohl einem Schüler in den Sattel helfen; aber reiten muß er selbst. Bei aller schöpferischen Tätigkeit ist der Pädagoge immer darauf angewiesen, daß der Schüler sein Vorbild und seine Anregungen erfaßt. Immer wieder wird der Meister zeigen, daß nur das Natürliche zum schönen Ton führen kann. Nur muß der Sänger auch die genauen Grenzen des menschlichen Instrumentes kennen. Wenn er es überfordert, werden sehr schnell Schäden an seiner Stimme auftauchen.

Unser sängerisches Instrument ist außerordentlich zart und anfällig. Da es mit unserem Körper verbunden ist, spüren wir jede körperliche Indisposition auch sofort an unserer Stimme. Lilli Lehmann sagte einmal: „gut disponiert bin ich vielleicht zehnmal im Jahr, alle anderen Male muß ich es mit Können machen.“ Das menschliche Organ ist nicht geeignet für unentwegte Intervallsprünge von der höchsten Höhe zur Tiefe oder für kurze und abgebrochene Schreie in großer Höhe. Ein Teil moderner Kompositionen, in denen die menschliche Stimme verwendet wird, ist gegen die Stimme geschrieben. Ein Sänger, der sein Instrument kennt, weiß, daß er Bögen in rascher oder langsamer Folge braucht, um schön singen zu können. Expressive weite Sprünge fordern zur Forcierung auf, schaden dem Organ und klingen in dauernder Folge häßlich. Wir hoffen, daß die Komponisten sich eines Tages wieder mehr mit den Fähigkeiten der menschlichen Stimme beschäftigen und neue Möglichkeiten finden werden, die reiche Ausdruckskraft der Stimme, das Singen und Tönen der Seele, Leid und Freude des menschlichen Herzens, eben die einmalige Eigenart des „homo cantans“ zu neuem Leben zu erwecken. Dies ist aber nur möglich, wenn man an den Menschen glaubt und für den Menschen Musik schaffen will.

3. *Die Atmung*

Denn rechte Menschen schöpfen aus den Fersen Atem,
nur die Gemeinen atmen aus der Kehle.
TSCHUANG-TSE

Dieses Wort von Tschuang-Tse, im 4. Jahrhundert v. Chr. ausgesprochen, wird sehr vielen Menschen des XX. Jahrhunderts völlig unverständlich sein. „Rechte Menschen schöpfen aus der Ferse Atem“, was bedeutet dies? Die meisten Menschen von heute haben das richtige Atmen verlernt; sie wissen nichts von Tiefatmung, sie kennen kaum ihr Zwerchfell und wissen nichts mehr mit diesem Muskel anzufangen. Die alten Chinesen, die Inder und die Japaner bauten ihre seelische und geistige Erziehung auf dem Atem auf. Sie wußten und wissen zum Teil heute noch genau, was „ruhen und konzentrieren von der Mitte aus“ bedeutet. Ob es sich um Meditation oder um eine künstlerische Arbeit handelt, am Anfang steht der Atem. Sie wissen noch von dem uralten Lebensgesetz des Aus- und Einatmens, des ewigen Rhythmus, der die Natur und den Menschen regiert. Wenn man ihn beherrschen lernt, führt er zu allen tiefen Erkenntnissen und zum In-sich-Ruhen.

Das ruhige und tiefe Atmen aus der Ferse, der Bauchmuskulatur und durch das Zwerchfell erfüllt den Menschen mit neuer Lebenskraft und versetzt ihn in einen gelockerten und entspannten Zustand. Das ist die Verfassung, die man braucht, um große Konzentrationen und Leistungen zu erreichen.

Aber es handelt sich nicht nur um Leistungen, sondern der Mensch wird krank, wenn er seinen Atmungsapparat verkümmern läßt. Über die Bedeutung des Atmens kann jeder Arzt Auskunft geben. In dem Buch: „Funktionelle Atmungstherapie“ sagt Dr. Julius Parow: „Mit dem Wegfall des täglichen Singens geht ein Teil der gesunden Lebensweise verloren, und die Atmung verfällt. Darum mußten, seit uns das Singen und Lachen verging, die Krankheiten des versagenden Atemapparates zunehmen.“

Jeder Singende weiß, welche Lebenserhöhung, welches gesteigerte Lebensgefühl und welche Durchblutung vom Singen ausgehen. Der Sänger ist einer der wenigen Menschen, der noch das Zwerchfell und seine Wirkung auf den ganzen Organismus kennt. Alle großen Sänger und alle großen Gesangspädagogen haben die Wichtigkeit des Atems für den Gesang erkannt. Crescentini, der große Kastratensänger, sagte: „Wer zu atmen weiß, weiß zu singen.“ Emanuel Garcia, der große Pädagoge, schreibt: „Wer nicht die Kunst besitzt, seinen Atem zu beherrschen, wird sich niemals einen wirklichen Sänger nennen können.“

Nun machen wir Pädagogen die erstaunliche Feststellung, daß sehr viele junge Sänger, die zu uns kommen, keine Ahnung von Tiefatmung und Zwerchfelltraining haben. Oft kennen sie gar nicht einmal den Sitz ihres Zwerchfelles. Und doch kommt der Mensch mit Zwerchfellatmung auf diese Welt. Man braucht nur einmal auf eine Säuglingsstation zu gehen und eine Weile das Geschrei dieser kleinen Menschenkinder anzuhören. Ein Baby kann stundenlang schreien, ohne heiser zu werden; seine Stimme wird noch instinktiv vom Zwerchfell geführt. Ein Erwachsener soll nur einmal versuchen, eine halbe Stunde lang zu schreien, er wird bald heiser wie ein Rabe sein. Wir müssen uns überhaupt wieder einem kreatürlichen Leben nähern. Ein Hund, der den Vollmond stundenlang anbellt, ist bestimmt für unseren Schlaf eine Störung. Aber wir könnten selbst daraus lernen; denn jedes Bellen wird nur vom Zwerchfell gelenkt und kann deshalb stundenlang geschehen, ohne daß der Kehlkopf des Hundes ermüdet. Wenn ein Löwe im Zoo brüllt oder wenn im Herbst die Hirsche röhren, dann sind das Urlaute der Natur, die nur vom Zwerchfell ausgeführt werden können. Diese ungebrochenen Naturlaute sind nur möglich, wenn der Antrieb vom Atem her geschieht und der Kehlkopf ohne Verkrampfung reagiert.

Die Einatmung ist ein automatischer Vorgang. Er führt uns den lebensnotwendigen Sauerstoff zu. Die Ausatmungsluft brauchen wir beim Sprechen und beim Singen. Auch die Ausatmung geht automatisch vor sich, kann aber willkürlich geregelt und geführt werden. Hier beginnt nun die Erziehung zum Sänger. Es ist ein Irrtum von Laien zu glauben, daß man zum Singen viel Luft braucht. Die Beherrschung der Ausatmung ist wesentlich. Der gute Könner singt mit wenig Luft.

In dem Buch „Kunst des Bogenschießens", welches jeder Künstler immer und immer wieder lesen sollte, kann für die letzte Meisterschaft und den Weg zum Ziel, der dort „es schießt" genannt wird, ruhig der Begriff „es singt" (oder „es spielt" bei Instrumentalisten) eingesetzt werden. Als der Schüler im genannten Buch die Geduld verlor, weil er nicht zu einem gelockerten Bogenspannen kam, sagte der Meister zu ihm: „Sie können es deshalb nicht, weil Sie nicht richtig atmen. Drücken Sie nach dem Einatmen den Atem sachte herunter, so daß sich die Bauchwand mäßig spannt und halten Sie ihn da für eine Weile fest. Dann atmen Sie möglichst langsam und gleichmäßig aus, um nach kurzer Pause mit einem raschen Zug wieder Luft zu schöpfen, in einem Aus und Ein fortan, dessen Rhythmus sich allmählich selbst bestimmen wird. Bei richtiger Ausführung werden Sie spüren, daß Ihnen das Bogenschießen von Tag zu Tag leichter fällt. Denn mit der Atmung entdecken Sie nicht nur den Ursprung aller geistigen Kraft, sondern erreichen auch, daß diese Quelle immer reichlicher fließt und um so leichter sich durch Ihre Gliedmaßen ergießt, je gelockerter Sie sind."

Genau diesen Vorgang brauchen wir zum Singen. Zuerst müssen wir Beobachtungsfähigkeit und Gefühl für die Atmung entwickeln. Der Schüler muß morgens und abends im Bett seine Atmung in entspannter ruhiger Lage selbst studieren und ausführen. Nichts darf verkrampft geschehen, alles muß stets entspannt sein. Im Stehen muß man dann Übungen zur Hand haben, die das Zwerchfell rasch in Bewegung setzen und die Kehle nicht durch Reiben stören. Bereits hier muß bei den schnellen stummen Übungen an den offenen Schlund gedacht werden. Man läßt kurz auf ho ausatmen, ähnlich als wenn ein Jagdhund hinter dem Fahrrad herläuft. Es muß natürlich vorgemacht werden und wie aus einem Blasebalg vom Zwerchfell herkommen. Alle Atmung ist nicht Selbstzweck und muß sofort in Beziehung zum Singen gebracht werden. Nun habe ich eine seltsame Beobachtung gemacht: alle Gesangsmethoden schreiben kluge Ansichten über den Atem, aber nur wenige können dann in der Praxis Zwerchfell und Stimme koppeln.

Nun können kleine bewegliche Stimmen, die von Natur vorne sitzen, oft auch ohne Atemstütze sehr schön klingen. Der Kenner hört jedoch, daß die Töne nicht entwicklungsfähig und auch nicht ohne Muskelsteifheit an- und abschwellbar sind. Bei hohen Sopranen kann es ohne Stütze süße Töne geben. Solche Schüler müssen dahin gebracht werden, daß sie es selbst merken, wie unbeweglich und steril auf die Dauer solche Klänge sind. Das ungestützte Singen führt sehr bald zu Registerbrüchen.

Am Anfang jeder Gesangsausbildung ist also immer und immer wieder die Verbindung der Stimme mit dem Atmungsapparat zu fördern. Meist wird man schnelle Tonübungen, in kleinem Umfang einer Terz oder Quinte, mit freiem Vokaleinsatz oder mit „w" und „m" versuchen. Das Wesentliche dieser Übungen ist das Beweglichmachen des Zwerchfelles und die Ausschaltung jeder Steifheit in der Kehle. Der langsame „stehende" Ton, wie wir Sänger ihn nennen, kann erst geübt werden, wenn der Schüler ein Muskelgefühl für Atem und Ansatz bekommen hat. Bei Beginn des Studiums können langsame Töne zum Kehlkrampf führen. Die Schlundmuskeln verengen sich und der Ton klingt eng und rauh.

Vor allem müssen immer wieder Trainingsübungen gesucht werden, die bestimmte Funktionen üben, ohne daß die Stimme angestrengt wird. Die Aktivierung des Atmungsapparates, verbunden mit Stimmübungen, geht manchmal nicht ohne Spannungen ab. Der Schüler läßt dann in der Bemühung, lebendig zu werden, Muskeln mitarbeiten, die ausgeschaltet werden müßten. Hier hat der Lehrer unermüdliche Geduld zu entwickeln und immer wieder dem Schüler auch klanglich seine Fehler vorzuführen, bis eines Tages die Kehle losläßt und der junge Sänger merkt und fühlt, was es bedeutet, mit offener und entspannter Kehle zu singen. Das Beruhigende an der oft mühevollen Arbeit ist, daß der Sänger, der einmal den offenen Ton gefühlt hat, ihn nie mehr verliert, weil das befreiende und offene Muskelgefühl zum dauernden Besitz wird.

Sehr selten findet man heute noch Schüler, die mit einem Natur-Sängeratem beschenkt sind. Die meisten jungen Menschen haben unterentwickelte Atemfunktionen. Wenn sie mit dem Studium beginnen, kennen sie ihre Urstimme, jene Stimme, die mit ihrem Körper und ihrer Seele verbunden ist, in den meisten Fällen überhaupt nicht. Am Anfang empfindet der Sänger alle Atemübungen als schwere körperliche Arbeit. Nach einem nur kurzen Training ist er wie nach einer Gymnastikstunde körperlich ermüdet. In der ersten Zeit darf man deshalb nur sehr vorsichtig kurzzeitig üben, weil sonst den Sänger eine Art Luftrausch erfaßt, der sich in Benommenheit und Schwindelgefühl äußert. Diese Benommenheit ist durch die Gewöhnung der meisten Menschen an ungenügende Sauerstoffaufnahme verursacht. Nach kurzer Trainingszeit verschwinden aber diese Erscheinungen und ein beschwingtes Gefühl erfaßt den Atmenden.

Eines Tages kommt dann der große Augenblick, an dem der Sänger spürt, daß seine Stimme von der Mitte geführt, also körperlich, kreatürlich geworden ist; doch das Paradoxe ist, daß sie für den Singenden so klingt, als wenn sie sich von ihm losgelöst hätte; schwingend wie aus einer anderen Welt tönt sie im Raum. Mit innerer Erschütterung vernimmt nun der Sänger seine ureigene Stimme. Dieses ist einer der großen und herrlichen Momente im Studium, für die sich jede Mühe lohnt.

4. Das musikalische Hören

Die Ohren sind die Lehrmeister der wahren Gesangskunst. Coclicus

Unser Gehör ist ein kostbares Organ. Es erfüllt unser Dasein mit Leben und Inhalt. Wenn man mit offenem Ohr in die Klänge und Töne dieser Welt hineinhorcht, kann man die Vielfalt und Fülle kaum in sich aufnehmen. Das Licht macht uns mit der Gestalt der Dinge bekannt, der Ton offenbart uns etwas von ihrem inneren Gehalt; er zeigt uns die Seele des Seins. Jede Stimme des Menschen bekundet uns etwas von seinem inneren Wesen. Doch auch die Klänge der Natur machen uns erst unsere Umwelt lebendig. Wenn das Meer brüllend im wildem Aufruhr seine Wellen ans Ufer schleudert, der Wind klagend und heulend ums Haus streicht, die Baumkronen im Walde rauschen, so hat das alles seinen eigenen Klang. Unser Ohr hat die Fähigkeit, diese Klänge in sich aufzunehmen und geistig und seelisch zu verarbeiten. Doch die höchste Steigerung erlebt der Mensch, wenn er in die Tonschöpfungen der Musik eindringt und wenn er selbst Schöpfer der Musik wird. Das musikalische Ohr hat wenig mit den Klängen der Außenwelt zu tun. Es hat sich seine eigene innere Vorstellungswelt geschaffen und kann im Laufe des Lebens geformt und verfeinert werden. Bruno Walter nennt in seinem Buch „Von der Musik und vom Musizieren" ein Kapitel „Innere und äußere Musikalität". Hier kann man den feinen Unterschied dessen nachlesen, was man vom Ohr eines Musikers erwartet. Die Grenzen zwischen äußerer und innerer Musikalität sind natürlich nicht scharf gezogen, sie fließen ineinander und ergänzen sich innerhalb ihrer Tätigkeit. Zur äußeren Musikalität gehört vor allem ein vorzügliches Ohr. Man muß nicht das absolute Tonbewußtsein haben, aber das relative Tonbewußtsein darf nicht fehlen. Das Ohr muß eine große Empfindlichkeit für Reinheit der Intervalle und Intonationsschwankungen besitzen. Um aber den geheimsten und innersten Zusammenhängen der Musik nachzuspüren, dazu braucht man die innere Musikalität. Nur wem Musik eine Heimat der Seele bedeutet, bei wem sie unmittelbar auf die Seele wirkt, der hat die Anlage in sich, nicht nur ein tüchtiger, sondern auch ein bedeutender Musiker zu werden.

Nun ist in der Welt des Singens dem Ohr eine ganz besondere Aufgabe zugewiesen. Das Ohr muß Wegweiser der Stimme werden. Es muß eine

Vorstellung vom sogenannten schönen Klang entwickeln. Der „schöne Ton“ ist allerdings ein sehr relativer Begriff. Der erfahrene Sänger hört die kleinsten Spannungen in einer Stimme und empfindet viele Töne als nicht schön, die Laien durchaus als schön und leicht empfinden können. Einen schönen Ton zu beschreiben, ist nicht möglich. Die Umsetzung dieses Begriffes aus der Welt des Ohres in die Welt der Sprache ist zu vielschichtig und wird daher nie eindeutig. Man müßte sich zunächst erst über bestimmte Begriffe einigen. Ein schöner Ton ist für den Kenner: leicht im Ansatz, rund mit Raum, schwingend, schwebend, ohne Verengung, mit hohem Sitz, schlank und mit beseeltem Timbre. Aber hören die Sänger ihn nun, diesen ihren Ton? Zu dieser inneren Klangvorstellung muß der Schüler erzogen werden. Es ist eine Erziehung, die jeder ein Leben lang selbst fortführen muß. Der Sänger muß in sich ein Klangideal entwickeln, dem er unermüdlich nachstrebt. Es gibt keine Endentwicklung im Klangbild. Immer höher und schwingender, immer natürlicher muß der Ton werden, immer mehr Raum muß man sich vorstellen, immer beseelter, immer süßer und strahlender muß der Ton werden.

Diese Klangvorstellung schult der Lehrer, indem er immer wieder selbst vorsingt und dem Schüler seine Fehler vorführt und ihm Beispiele zeigt, die uns ja heute durch die Schallplatten reichlich als Vorbilder geboten werden. Von Zeit zu Zeit nimmt man die Stimme des Schülers auf Band auf, um ihm daran zu erläutern, was klanglich und technisch verbessert werden muß.

Warum ist nun das Ohr so wichtig? Das Ohr gibt seine Impulse an das Gehörzentrum im Gehirn weiter. Die Nerven leiten als Reaktion des Gehirnes Befehle an die Muskeln der Kehle und des Schlundes weiter. Je differenzierter und verfeinerter die Klangvorstellung wird, desto müheloser treten die Funktionen der Kehlmuskeln in Tätigkeit. Welche vollendeten Klangvorstellungen das Ohr zu entwickeln vermag, können wir im Jahrhundert der großen Geigenbauer und Sänger beobachten. Die Geigenbauerfamilien, die Stradivari, Amati, Bergonzi, Guarneri hörten mit ihrem inneren Ohr den Klang der Instrumente voraus und bauten sie auf dieses Ziel hin. Die berühmten Kastratensänger und Primadonnen jener Zeit waren sicher auch mit einem ererbten Klangsinn geboren. In jenen Jahrhunderten spielte Musik eine so wesentliche Rolle, daß es für jeden gebildeten Menschen unerläßlich war, irgendein Instrument zu beherrschen und sich mit Musik lebendig zu beschäftigen. Die Kinder wurden frühzeitig musikalisch unterrichtet; sobald ein Kind eine schöne Stimme zeigte, begann der Unterricht. Dies oft schon im Alter von 8 Jahren. Von dieser Warte aus auf unser Jahrhundert schauend, muß man feststellen: wir sind armselig daran. Wir hören zwar viel Musik, aber das Ohr der meisten Menschen ist unterentwickelt. Das Ohr kann sich nämlich nur in persönlicher Erfahrung und durch eigenes Erlebnis mit der Musik entwickeln. Durch die technische Vervollkommnung der Aufnahmegeräte bekamen wir zwar ungeahnte Mittel in die Hand, um die eigene Stimme kennen zu lernen und zu kontrollieren. Aber das Eigenartige am unerfahrenen Sänger ist, daß er seine Stimme nicht beurteilen kann. Er hat eine andere, fremde Vorstellung vom Klang der eigenen Stimme. Meist erkennt der junge Sänger seine Stimme gar nicht, wenn er sie zum ersten Mal in der Bandwiedergabe hört. Das erste Hören seiner Stimme vom Band ist daher oft mit einer seelischen Erschütterung verbunden. Man hat eine so andere Vorstellung von seiner eigenen Stimme, daß man etwas Fremdes, nicht zu einem Gehörendes fühlt. In den seltensten Fällen geht die Klangvorstellung von der eigenen Stimme mit der Klangaufnahme konform. Nun ist selbstverständlich auch die Aufnahme kein völliges Abbild der Stimme. Der Sänger hat aber damit die beste Möglichkeit, seine Stimme so zu hören, wie sie objektiv, d. h. für den anderen Zuhörer klingt. Allerdings soll jedem Hörer auch bewußt sein, daß der unmittelbare Eindruck einer Stimme im Raum nie durch Band oder Platten ersetzt werden kann. Es sind auf diesem Gebiet Versuche gemacht worden. Zwei gute Stimmdiagnostiker haben z. B. eine Rundfunklifesendung gleichzeitig abgehört und zwar einer vor dem Radio im Wohnraum, einer im Konzertsaal. Immer ist die Beurteilung für den Sänger besser im Saal ausgefallen als über das Band.

Wie ich schon im Kapitel über Atmung sagte, beginnt der Unterricht meist mit kleinen motorischen Übungen. Aber schon bei den kleinsten motorischen Übungen muß das Ohr dazu erzogen werden, alle Töne im gleichen Klang und ohne Spannung zu singen. Die Krönung der klanglichen Vorstellungen erreicht der Sänger durch die Entwicklung der Schwelltöne, in der messa di voce. Mit Recht haben die alten Italiener die Übung des Schwelltones an das Ende des Studiums gestellt. Ehe man die Übungen des Schwelltones vornehmen kann, muß die sängerische Atmung völlig selbstverständlich und zur zweiten Natur geworden sein. Die Funktionen Atmung—Stimmbandschwingung und Antrieb müssen völlig automatisch vor sich gehen. Außerdem muß die Klangvorstellung des Sängers für die gestützte Kopfstimme in allen Lagen lebendig sein. Die Stimme muß die Übergangslagen klanglich mischen können. Die Vorstellung des Ein-Registers muß erreicht sein, die Register müssen verschmelzen. Sie müssen sich ohne Reibung oder Bruch unmerklich zusammenfügen.

Alles dieses ist vorwiegend durch die Kontrolle des Ohres zu bewältigen. Unmerklich wird nun der Sänger selbst zum Schwellton kommen. Je größer und intensiver seine Visionsbegabung und seine tonliche Klangvorstellung sind, desto fertiger und differenzierter wird sein strömender Schwellton. Man wird nun mit Vokalausgleichen beginnen. Ist der Sitz der dunklen und hellen Vokale der gleiche, so läßt man den

Schüler mit einem Piano-Kopfton auf u anfangen, crescendiert über die Mittelstimme zu strahlendem Glanz und Volumen und kehrt langsam zum äußersten Piano zurück. Man wird sofort die Feststellung machen, daß das Anschwellen leichter fällt als das Abschwellen. Beim decrescendo läßt meist der Sänger die Spannung fallen, der Ton verliert seinen hohen Sitz und rutscht in den Hals. Anfänger glauben meist, daß zum Piano-Singen weniger Spannung gehört als zum Forte. Der erfahrene Sänger weiß, daß gerade das Piano-Singen die größte Intensität verlangt. Nebst großer Intensität braucht man zum Abschwellen die Vorstellung, daß der Ton immer höher im Kopf sitzen muß. Der Lehrer muß hören, bei welchem Vokal es dem Schüler am leichtesten fällt, die hohe Einstellung zu bewahren. Eines Tages ist dann das ersterbende Piano da, das selbst in einem großen Saal bis in die letzten Reihen trägt. Einer der größten Meister auf diesem Gebiet war Gigli. Nur wenn man über alle Schattierungen seiner Stimme verfügt, kann man Lieder gestalten. Nichts ist eintöniger im Konzertsaal, als wenn eine Stimme nur über einen einzigen Klangcharakter verfügt. Hier ist die musikalische Vorstellungskraft nicht entwickelt. Auch bei der schönsten Stimme ist man nach der ersten Liedergruppe gelangweilt. Kommt dann aber ein Liedersänger, der mit einer reichen Farbenpalette die Lieder gestaltet, dann hat man stets das Gefühl, so und nicht anders ist das Lied vom Komponisten gedacht. Ausdrücklich möchte ich hier noch einmal betonen, daß ich bewußt auf das Beschreiben von methodischen Übungen verzichte, weil ich auf dem Standpunkt stehe, daß man Gesangsunterricht nicht schriftlich erteilen kann. Ohr und Muskelerfahrung sind das Wesentliche beim Singen und diese kann man nur in der Praxis erlernen. Immer wieder muß man dem Schüler sagen, daß Singen Erfahrung ist. Wir sehen, daß das Ohr ständig verfeinert werden muß, damit der Sänger seine Klangvorstellungen steigern und entwickeln kann.

5. Der Muskelsinn beim Singen

Spannung ist der indifferent scheinende Zustand eines energischen Wesens, in völliger Bereitschaft, sich zu manifestieren, zu differenzieren, zu polarisieren.
GOETHE

Singen muß entspannte Intensivierung sein. Es ist ein Paradoxon, aber es drückt die Gleichzeitigkeit der Gesangsfunktionen aus: Lockerheit mit Spannung, Aktivität und Intensität zu verbinden. Wir müssen wieder einen Besuch bei den Ostasiaten machen und bei den Yogis Erfahrungen sammeln. In der Yogalehre werden Übungen gemacht, bei welchen man einen Muskel willkürlich anspannt und betätigt, während die Antagonisten völlig entspannt bleiben. Auf unserem kleinen Teilgebiet, Zwerchfell, Kehle, Ansatz, müssen wir zur gleichen Beherrschung vordringen. Die

Komplikation des Singens wird uns klar, wenn wir erfahren, daß wir es mit willkürlichen und unwillkürlichen Muskelgruppen zu tun haben. Die willkürlichen Muskeln können wir durch unseren Willen beherrschen. Die Bewegung dieser willkürlichen Muskeln wird durch die Antagonisten begrenzt und gesteuert (z.B. Armbeuger und Strecker). Welches davon der Antagonist ist, hängt von dem Sinn der Bewegung ab. Durch Kontraktion des Bizeps beugt sich der Vorderarm im Ellenbogengelenk; strecken wir den Arm, so kontrahiert sich der Trizeps. Dieses antagonistische Gesetz findet seine Anwendung im ganzen Muskelsystem. Nun bestehen die entgegengesetzten Muskeln aus Bündeln von annähernd gleicher Stärke. Was geschieht, wenn wir bei einem Glied alle Muskelgruppen gleichzeitig kontrahieren? Wir können das Glied nicht mehr bewegen, es ist steif und starr. Eine Muskelsteifheit ist entstanden, die je nach dem Kraftaufwand stärker oder schwächer sein kann. Jede Art von Steifheit ist aber mit einem unnötigen Kraftaufwand verbunden und behindert die Freiheit und Leichtigkeit der Bewegung. Dieser Zustand der Muskelsteifheit entsteht also durch die Kontraktion von entgegenwirkenden Gruppen von Muskeln, die willkürlicher oder unwillkürlicher Art sein können. Dies zu wissen ist für uns Sänger wichtig, weil jede Art von Kehlsteifheit aus solchen Vorgängen zu erklären ist. Das Muskelsystem des Kehlkopfes besteht ebenfalls aus entgegengesetzten Muskelgruppen. Kontrahieren sich nun alle Muskeln und beteiligen sie sich an dem Bewegungsziel, so entsteht jene Kehlsteifheit, die der schönen Stimme abträglich ist. Das Singen ist ein äußerst komplizierter Vorgang, weil es von willkürlichen und unwillkürlichen Muskelimpulsen geleitet wird. Wir können jeden Menschen dazu bringen, einen Ton in einer bestimmten Höhe zu singen, ob er geschult oder ungeschult ist. Nach einigem Bemühen wird auch beim ungeschulten Sänger ein Ton in annähernder Höhe hervorkommen. Aber die Schönheit eines Tones und die Richtigkeit des Entspannten kann nur derjenige erzielen, der vom Ohr her die richtige Vorstellung hat und der seine Muskeln richtig innervieren kann. Die für die Stimmbildung letztlich notwendige Leistung ist also die Beeinflussung des unwillkürlichen Antriebes der Kehlkopfmuskulatur über das Nervenzentrum, das selbst vom Gehör gesteuert wird.

Es gibt leider nervliche Beeinflussungen der Muskeln, die unserem Willen völlig unzugänglich sind. Obenan steht für den Sänger das sogenannte Lampenfieber, das in extremer Form eine derartige Kehlsteifheit hervorrufen kann, daß der Sänger sein Timbre, seine Geläufigkeit und die entspannten Töne völlig verliert. Bringt er die Fähigkeit auf, sich dem Kunstwerk gänzlich hinzugeben und sich auf diese Weise von den Kehlschwierigkeiten und dem Singen abzulenken, so wird der gesunde Zustand seines Kehlkopfes schnell wieder hergestellt sein. Wir kennen aber alle die tragischen Fälle von Sängern, die wundervoll singen, wenn sie sich nicht verantwortlich fühlen, und die ständig versagen, wenn sie sich beweisen sollen.

Ich selbst mußte mich sehr ausführlich mit Spannung und Entspannung der Muskeln beschäftigen. Ich erkrankte sehr schwer an Poliomyelitis; für meinen Beruf aber habe ich aus diesem körperlichen Zusammenbruch sehr viel gelernt. Vor allem aber das Eine, daß der Mensch meist für alle Handlungen mehr Kraft verbraucht, als dazu notwendig wäre. Auf den Sängerberuf angewendet, stelle ich fest: Wir können mit viel weniger Aufwand zum schönen und natürlichen Singen kommen, als man gemeinhin glaubt. Noch eine Erfahrung machte ich beim Muskeltraining. Je mehr Aufmerksamkeit ich auf eine bestimmte Aktion verwendete, desto steifer und ungelenker wurde der Muskel, je absichtsloser ich etwas tat, desto gelöster waren die Bewegungen. Ich erinnerte mich an meine ersten Gesangsstunden. Wenn meine Lehrerin sagte: „Die Zunge muß flach im Munde liegen“, so verdickte und versteifte sie sich prompt durch meine angestrengte Konzentration, und ich drückte und knödelte mit meiner Stimme. Versuchen wir die Stimmwerkzeuge mechanisch zu beeinflussen, so werden die Muskeln sich unwillkürlich kontrahieren und es wird Ermüdung und Versteifung eintreten. Die normalen instinktiven Stimmfunktionen werden gestört. Konzentrieren wir unsere Gedanken beim Singen auf die Kehle, so tritt Kehlsteifheit ein. Es muß also der Begriff „Kehle“ als Konzentrationspunkt völlig ausfallen, denn beim freien, natürlichen, ungehemmten Singen hat der Sänger nicht die leisesten Spannungsempfindungen in der Kehle.

Nun beginnen viele Methoden mit völliger Entspannung ohne Einsetzen der Atemstütze. Sie glauben sicher mit dieser entspannten Gesangseinstellung dem gelockerten Singen schneller näher zu kommen. Singen ist aber entspannte Spannung. Wenn man die Aktion ganz ausschaltet, wird man bestimmt zu einem undurchbluteten Singen kommen, wie wir es leider so oft hören müssen. Da heute wahrscheinlich der größte Teil der jungen Menschen eine Degeneration des Atemapparates zeigt, muß der Lehrer sofort beginnen, den Atemvorgang zu aktivieren. Wie kommt man aber um die Kehlsteifheit herum?

Wir müssen wieder den Bizeps und den Trizeps beobachten. Wenn ich jemand auffordere, im Zeitlupentempo einen schweren Koffer zu heben, wird er durch die langsame Bewegung seinen Arm und seinen Schultergürtel versteifen. Sagt man jedoch: „Stell doch einmal eben den Koffer in die Ecke“, schnell ergreift er den Koffer, merkt kaum das Gewicht und nichts hat sich versteift, weil die Muskeln instinktiv richtig reagierten. Diese Beobachtung müssen wir auch auf unsere Stimmuskeln übertragen. Beginnt man mit seinem Schüler langsame, stehende Töne, so versteift sich die Kehle, weil sich alle Muskeln kontrahieren. Läßt man schnelle, rhythmisierte kleine Tonfolgen singen, in denen der Sänger gar keine Zeit zur

Reflexion hat, so arbeiten die Funktionen automatisch richtig und gelöst. Vorher hatte man schon schnelle und lebendige Atemübungen machen lassen, um das Zwerchfell und die Bauchmuskeln lebendig zu machen. Das Bellen eines Hundes ist sehr anregend für ein federndes Zwerchfell, aber alles muß schnell ausgeführt werden. Einige Konsonanten helfen uns beim Beleben des Atemapparates. „w" und „nn" klingend ausgeatmet, in kleinen Folgen, koppeln Zwerchfell und Stimme. Neigt jemand zur Kehlverengung, so kann „m" auch im Anfang störend wirken. Man darf aber nicht locker lassen, sondern muß immer wieder vormachen, wie leicht das „m" summt, wenn man es mit dem Atem führt. Nichts lockert so wie schnelles Summen, nichts fördert geführte Sprünge und Intervalle so gut wie gesummte Übungen. Die Entspannung muß stets an der Spannung geübt werden; der junge Sänger muß sofort erleben, welche Intensität zum Singen gehört. Wie bereits wiederholt erwähnt, ist dies alles nur durch praktische Erfahrung zu erlernen und niemals aus der Theorie. Ähnliche Probleme hatte ich schon bei dem Kapitel „Atmung" angeschnitten, ich behandle sie hier noch einmal, um zu zeigen, wie sich die Funktionen beim Singen überschneiden, wie eines zum anderen gehört und nicht einzeln gelöst werden kann.

Durch die kleinen raschen rhythmischen Übungen, die man schon nach kurzer Zeit, sobald der Schüler es begriffen hat, den Ton körperlich zu greifen, um einen Halbtonschritt höher oder tiefer führen kann, bekommt der Schüler ein motorisches Lustgefühl für sein Intrument. Es ist sehr wichtig, die Freude an der Geläufigkeit zu entwickeln und langsam die Übungen melodisch zu bereichern. Sehr bald weitet man den Umfang der Stimme nach oben und unten aus. Es ist sinnlos anzugeben, in welcher Lage man beginnt. Man sucht nach den entspanntesten Tönen des Schülers und baut von dort aus weiter auf. Je nach Charakter und Veranlagung der Stimme übt man von oben nach unten, oder von unten nach oben. Ist eine Stimme „verbrustet" und gedrückt, so wird man die Kopfstimme von oben nach unten üben. Verhaucht eine Stimme stark, so wird man mit hellen Vokalen „i" und „e" den Fehler zu bessern suchen, allerdings muß man erst erkannt haben, woher die Hauchigkeit kommt. Sie kann eine Abnutzungserscheinung sein oder aber ein schlecht erzogener Atem, der die Stimmlippen klaffen läßt. Nach einigen Wochen kennt man in der Regel das Organ seines Schülers ganz genau. Man weiß dann, welche Trainingsübungen angebracht sind, um den Fehlern zu begegnen.

Das Wesentliche ist, daß man die Obertöne über die gesamte Stimme zieht. Dies ist das Geheimnis, welches die Stimme jung erhält. Immer sind die schönsten Stimmen diejenigen, welche in jeder Lage über die Fähigkeit zu „mischen" verfügen. Diese Fähigkeiten kann man aber nur erwerben, wenn man die Kehlsteifheit besiegt. Deshalb ist es außerordentlich wichtig, daß der Sänger zur Muskelerfahrung erzogen wird und jede Spannung und Lockerheit selbst fühlt und dadurch die Möglichkeit in die Hand bekommt, seine Stimme zu korrigieren.

6. Das klangliche Raumempfinden

Das Forcieren der Stimme ist immer einer der verhängnisvollsten Irrtümer, die ein Sänger begehen kann. G. B. Mancini 1757

Studieren wir das Leben großer Sänger und Sängerinnen, so lesen wir von ihrem Erfolg und dem Können ihrer Stimme. Leider fehlt uns dann doch von den meisten eine klangliche Vorstellung. Erst seit 1900 haben wir Schallplatten, und die Stimmen von Frieda Hempel, Galli-Curci, Farrar, Caruso und Battistini sind für uns auch heute noch lebendiger Klang. Die Stimmen der Mara, Sontag, Jenny Lind, Malibran, Bordoni, Catalani u. a. können wir uns nur aus den Urteilen der Zeitgenossen, der Musiker und Dichter, annähernd vorstellen. Doch können wir aus der Lebensgeschichte vieler Sängerinnen erfahren, daß sie bis ins hohe Alter gesungen haben. Elisabeth Mara-Schmeling trat noch mit Anfang 60 auf. Ihre Stimme soll noch in unvermindertem Glanz gestrahlt haben. Henriette Sontag hatte Mitte 40 nach 18jährigem Schweigen ein triumphales „Come back". Adelina Patti sang bis ins hohe Alter. Von Lilli Lehmann erzählen es uns noch Zeitgenossen, die sie mit 70 Jahren gehört haben; sie rühmten gerade den jugendlichen Klang der Stimme. Auch von Battistini wissen noch viele, wie wundervoll er noch als alter Mann sang.

Alle diese großen Sänger haben ihre Stimmen nach den Regeln der altitalienischen Schule gebildet. Sie besaßen alle eine große Geläufigkeit. Die Beweglichkeit der Stimme ist auch das Geheimnis ihrer Erhaltung und Jugendlichkeit. Eine Stimme, die beweglich ist, kann und darf nicht forcieren, weil dann die Kehle ihre Schnelligkeit in der Koloratur einbüßt. Eine steife Kehle kann nicht laufen und nicht trillern. Solange die Kehle locker bleibt, bleibt auch die Stimme erhalten.

Vom heutigen Sänger wird jedoch mehr verlangt als nur reiner Ziergesang. Die Oper des XIX. Jahrhunderts hat in ihren Werken die dramatische und seelische Ausdruckswelt vertieft. Es hat sich im Laufe der Jahrzehnte bei den deutschen Bühnen eingebürgert, daß von großen Sopranen und Altistinnen keine Koloratur vorausgesetzt wird. Wer aber einmal in den letzten Jahren Giulietta Simionato als Rosina im „Barbier" gehört hat oder Renata Tebaldi als Violetta in „Traviata", der weiß, wie herrlich es klingt, wenn große Stimmen diese Rollen übernehmen.

Nun wurde am Ende des vorigen und zu Beginn dieses Jahrhunderts in den Gesangsschulen ein überdunkeltes und dickes Singen geübt, um das Volumen der Stimmen auf Kosten der Geläufigkeit zu vergrößern. Wie Julius Stockhausen selbst gesungen hat, wissen wir heute nicht mehr, aber die Überdunklung als Folge seiner Stimmtheorie können wir nachlesen. Es mag sein, daß dies damals eine Reaktion auf eine erfolgte Verflachung der italienischen Schule war. Jedoch bei der Beschäftigung mit den Meistern der alten italienischen Schulen traf ich immer auf Vorschriften, die den Raum des Tones anstrebten: „Singen auf dem Atem“, „Öffne den Schlund“, „Vorne singen“, „Das Anschlagen der Töne im Kopf“, usw. Die großen Sänger der italienischen Schule, die wir von Platten und Natura kennen, haben in ihrer Stimme alle Raum. Sie singen ruhig, dicht und schlank.

Beschäftigen wir uns einmal mit den Begriffen „Raum“, „schlank“ und „dicht“. Im Grunde sind es akustische Phänomene und divergierende Funktionen. „Raum“ schafft der Sänger durch Öffnen des Schlundes und gestütztes Falsett. Physiologisch gesehen senkt sich der Kehlkopf und das Ansatzrohr wird verlängert. „Schlankheit“ und „Dichte“ erreicht man durch die Artikulation. Die Stimmlippen müssen gut geschlossen sein, man bringt den Ton nach vorne und man mischt seine Stimme mit hellem Klang. Die Gleichzeitigkeit dieser Klangvorstellungen kann nur mit dem Ohre kontrolliert werden. Es wäre auch sehr seltsam, wenn die altitalienischen Meister keine Raumvorstellungen gehabt hätten. Die italienischen Geigenbauer haben mit ihren Instrumenten bewiesen, daß sie Klang- und Raumvorstellungen in überragender Form besaßen. Im Barockzeitalter sind Kraft und Raum Schönheitsbegriffe.

Georg Friedrich Händel hat in seinem Chor „Halleluja“ aus dem Messias eine so hinreißende, raumerfüllende, jubelnde, strahlende Musik geschaffen, die die ganze Kirche mit Klang und Raum sprengte, so daß die Menschen beim ersten Hören ergriffen von den Sitzen aufsprangen, um diese grandiose Danksagung stehend anzuhören. Seine Arien bringen solche dramatische Steigerungen, daß die Sänger, wenn sie es erfüllen wollen, mit großem Ton singen müssen. Von der Cuzzoni ist bekannt, daß sie eine berückende Belcanto- und Legatosängerin war. Zum Legatosingen gehört das Spinnen der Töne und zum Belcanto ein crescendo und decrescendo. Von der Faustina Bordoni, die in Bologna bei Antonio Bernacchi studierte, der neben Tosi einer der berühmtesten Sänger und Gesangspädagogen war, wird berichtet, daß sie über „schmetterndste Kraft neben poetischer Süße verfügte und daß ihr Reichtum der verschiedenen Stärke geradezu erstaunlich war“. Der Flötist Quantz rühmte besonders den Schwellton der Faustina.

Tosi, 1646 in Bologna geboren, hat mit seinen „Opinioni“ eines der besten Bücher über die Kunst des Singens geschrieben. Seine Unterweisungen über Stimmbildung sind heute noch für uns maßgebend. Auch Tosi stellte schon in jener Zeit fest, daß die Lehrgabe sehr selten sei und daß es wenig Lehrer aus Neigung und Berufung gebe. Er muß auch als Mensch eine große Persönlichkeit gewesen sein. Immer und immer wieder prägte er seinen Schülern folgenden Lehrsatz ein: „Was für ein großer Meister ist doch das Herz“.

Wir wollen uns mit den Regeln der alten Meister auseinandersetzen. Das „Auf dem Atem singen“ haben wir schon in den anderen Kapiteln besprochen. Jetzt interessiert uns vor allem das „Öffne den Schlund“. Die Vorstellung des Öffnens und Weitens kann man dem Schüler gut beibringen, indem man ihn gähnen läßt. Wenn Sie dies lesen, gähnen Sie bitte und beobachten dann, was Ihre Rachen- und Mundhöhle bei diesem Vorgang macht. Man kann bekanntlich sofort gähnen, wenn man daran denkt. Wenn Sie mit Inbrunst gähnen, merken Sie auch, daß Ihr Zwerchfell sich mitkontrahiert und Ihr Schlund weit entspannt offen ist. Carusos Wort, „meine Töne kommen aus dem Unterleib“, ist dann verständlich. Es ist das, was wir Tiefeinstellung nennen. Wird es zur zweiten Natur, so können wir keinen engen Ton mehr singen. Es dauert aber einige Zeit, bis der junge Sänger begreift, was öffnen heißt. Man muß es ihm immer wieder vormachen, bis sein Ohr die Raumvorstellung in sich aufgenommen hat. Der Ton gewinnt durch diese Übungen bedeutend an Volumen, wird jedoch auch verdunkelt. Bei diesen Tönen klafft die Stimmritze und die Töne sind etwas ausgefranst und wattig.

Wir müssen zur Vollendung des Klanges noch die anderen Gesetze und Funktionen beachten: „Vorne und dicht singen“. Was „vorne singen“ bedeutet, kann sich sogar jeder Laie vorstellen: die Töne kommen vorne aus dem Munde und niemals hinten aus dem Hals. Das „dicht singen“ bezeichnet ein Singen mit konzentriertem und tragendem Klang, welcher mit geringer Kraftanstrengung bei gut geschulter Glottis erzeugt werden kann. Es ist unmöglich, diesen Klang zu beschreiben. Man kann ihn nur am Beispiel vorführen. Giglis Stimme ist in dieser Beziehung ein Musterbeispiel.

Die Italiener haben es durch ihre Sprache und Vererbung mit schlankem und dichtem Singen leichter als wir. Schließen unsere Stimmlippen nicht präzise, so müssen wir stumme „i“- und „a“-Übungen mit dem echten, weichen Coup de glotte machen. Wir unterscheiden den harten Coup de glotte vom weichen. Preßt man die Stimmlippen aneinander und läßt den Luftstrom explodieren, so haben wir den harten coup de glotte. Der weiche und erzogene Glottisschlag ist ein gutes Mittel, um den Ansatz zu erziehen. Zu den stummen kleinen Glottisschlägen gehört große Konzentration und Reife. Junge Menschen langweilt diese Arbeit an der Stimme, weil sich die Früchte der Bemühungen erst später zeigen. Diese Art Übungen müssen auch ständig unter der Kontrolle des Lehrers stehen. Vorübungen zum Staccato sind ebenfalls ein gutes Mittel, um den Ansatz zu erziehen. Auch hier ist wieder das Ohr stark beteiligt. Um klare Einsätze zu bekommen ohne das Schleifen der Töne von unten, muß der Sänger voraushören und jeden Einsatz von oben denken. Beim

„dicht singen“ ist meist die Gefahr, daß man seine Einsätze von unten herauf schleift. Nur wenn die Stimmlippen gut erzogen sind, kann man klar von oben gedacht einsetzen.

Die intensivste Raumvorstellung braucht der Sänger bei der Forderung, „die Töne im Kopf anschlagen lassen“. Je höher der Sitz einer Stimme ist, je mehr Obertöne also im Klang der Stimme zu hören sind, desto schwebender und freier klingt die Stimme für den Zuhörer. Für den Sänger ist dann die Stimme körperlos geworden.

Ein Sänger, der nicht über ein schwebendes Piano verfügt, ist kein Künstler. Schreien und Forcieren ist ein Zeichen von primitiver Klangvorstellung und einfach der Beweis des Nichtkönnens.

Doch nicht nur bei der Kopfstimme, auch bei der Mittel- und Bruststimme müssen die Töne im Kopf anschlagen. Es ist die Forderung von Tosi und von Garcia, daß man das gestützte Falsett über die gesamte Stimme auszubreiten hat. Wie sich der komplexe Vorgang aller Funktionen abspielt und wie die Stimmlippen schwingen, das wissen wir nicht, weil er sich der exakten Wissenschaft entzieht. Wir können in der Anatomie Kehlköpfe studieren, wir können sie anblasen und der toten Materie ein Geräusch entlocken, wir wissen, wie die Stellknorpel und Muskelpaare sich bewegen, aber das Geheimnis des schönen vollendeten Tones hat noch kein Wissenschaftler erfahren. Es bleibt ein Geheimnis der Schöpfung. Seien wir dankbar, daß es noch Geheimnisse gibt, Tatsachen also, deren Ursachen wir nicht beweisen können. Grillparzer hat es in seiner Widmung und Huldigung an Jenny Lind in die Worte gefaßt:

„Hier ist nicht Körper, ist nicht Ton,
Ich höre Deine Seele.“

7. Welche Rolle spielt das Register?

Ein fleißiger Unterweiser füget dem Sänger das Falsett zu verschaffen. Er läßt auch nichts unversucht, damit dasselbe mit der natürlichen Stimme auf eine solche Art vereinigt werde, daß man eines vom anderen nicht unterscheiden könne!
P. F. Tosi
aus „Opinioni“ 1723,
1757 von I. F. Agricola übersetzt.

Der größte Teil der Stimmen geht am mangelnden Registerausgleich zugrunde. Diagnostiziert man Stimmen, die man landläufig als „passé“ bezeichnet, so fallen bestimmte Merkmale immer wieder auf. Unmerklich vollzieht sich für den unkritischen Sänger der Verfallsprozeß. Zu allererst erscheinen Spannungen in den höheren und tieferen Übergangslagen. Die Hörer empfinden Töne in dieser Lage als scharf und forciert oder als matt und verkrampft. Nach und nach tremolieren auch diese Töne und zwischen den Registern erscheint eine Divergenz. Die Mittellage ermattet und wird glanzlos. Um diese Schwächen zu überdecken, verwendet der

Sänger oft die Bruststimme und ist im Anfang über den reiferen Klang der Tiefe erfreut. Er weiß nicht, daß dies der Anfang vom Ende ist. Anstatt die Kopfstimme über die Übergangslagen einzubeziehen und dadurch Kräfte zu schonen, macht er das, was jeder Natursänger tut, wenn es nicht mehr von selbst geht. Er ersetzt Können durch Kraftanstrengung. Dies führt jedoch sehr bald zur Erschlaffung der Stimmlippen und zu Spannungen in der Kehle.

Endziel jeder guten Gesangsausbildung ist die Verschmelzung der Register.

Wir unterscheiden zunächst zwei grundverschiedene Register: die Brust- und die Kopfstimme. Bei der Bruststimme schwingen die Stimmbänder in ihrer ganzen Breite. Die Resonanz findet hauptsächlich im Brustkorb statt. Bei der Kopfstimme schwingen nur die Ränder der Stimmlippen, und die Resonanz findet im Kopf statt.

Wenn die spezifischen Funktionen dieser Register gleichzeitig geschehen, sprechen wir von der Mittelstimme. Mittelstimme ist also eine gemischte Stimme aus Brust- und Kopfregister. Die alten Italiener sprachen nur von zwei Registern, der Bruststimme und dem Falsett. Später unterschieden viele Gesangsschulen drei Register, indem sie der Mittelstimme einen eigenen Rang einräumten. Mir scheint aber die Beobachtungsgabe der Italiener besser gewesen zu sein, denn im Grunde ist die Mittelstimme der instinktive Ausgleich der Stimme zwischen Brust- und Kopfregister. Ist eine Stimme normal, gesund und vor allem noch nicht verbildet, so hat man unausgeglichene Übergangslagen etwa von d bis fis in der 1 gestrichenen Oktave zwischen Bruststimme und Mittelstimme und ebenfalls d bis fis, aber in der 2 gestrichenen Oktave zwischen Mittel- und Kopfstimme. Doch ist dies kein Dogma. Da wir es mit lebendigen Dingen zu tun haben, kann man keine starren Regeln aufstellen.

Wir müssen aber diesen Übergangslagen ganz besondere Aufmerksamkeit widmen, um sie vollkommen zu mischen und sie zu verschmelzen. Jede Stimme besitzt eine Eigengesetzlichkeit. Auch je nach dramatischem Temperament und Stimmcharakter will der Sänger mischen. Ein lyrisches Temperament versucht nie von sich aus dramatische Akzente in der Tiefe zu schaffen. Im Gegenteil, hier muß man nach und nach ein crescendo nach der Tiefe erziehen; aber dramatische Typen gehen mit Begeisterung in die Bruststimme; oft ohne Rücksicht auf die Möglichkeiten ihrer Stimme. Den einen muß man besänftigen, den anderen aktivieren. Es gibt auch Sänger, die große Angst vor der Bruststimme haben. Ihnen muß man erst beibringen, daß alle Gaben der Natur richtig genützt werden müssen und daß jede Einseitigkeit zur Verarmung und Degeneration führt.

Nun gibt es Gesangsschulen, die am Anfang ihre Schüler nur piano singen lassen. Die armen Schüler! Ihr Klangsinn, ihre vitale Freude am

Ausströmen wird künstlich eingeengt, ihr Temperament wird beschnitten und alles klingt kümmerlich und blutarm. Das bedeutet aber auf keinen Fall, daß man schreien läßt. Jeder gespannte Ton muß sofort verbessert werden. Aber die menschliche Stimme ist ja ein Ganzes und muß auch als Ganzes entwickelt werden. So wird man in einer Trainingsstunde, und am Anfang ist ja alles ein Ringen um die handwerkliche Fertigkeit, forte und piano singen lassen, so wie es später in jeder Komposition verlangt wird. Die größte Aufmerksamkeit muß allerdings auf das gestützte Falsett verwendet werden. Die gestützte Kopfstimme muß über den ganzen Umfang der Stimme bis in die Tiefe entwickelt werden. Dies ist eines der wichtigsten Gesetze für alle Stimmen, einerlei ob Baß, Bariton, Tenor, Alt oder Koloratursopran.

Bei jeder männlichen oder weiblichen Stimme muß zuerst das Kopfregister gesucht werden. Dann müssen diese Art Töne mit dem Zwerchfell verbunden werden. Am besten sucht man wieder in der Natur nach einem Klangbeispiel. Das Miauen einer Katze, völlig entspannt, hilft zu der richtigen Einstellung. Man versucht dann auf „m" zu summen. Allerdings muß das Summen die Resonanzen hoch im Kopfe wecken und es darf nicht die Kehle einengen und verkrampfen. Im Anfang wird man sicher viel solmisieren lassen, und so versucht man kleine Tonlinien auf „mo" und „mu"; denn „O" und „U" sind die Vokale, die sich für Übungen der Kopfstimme als besonders günstig erwiesen haben. Um zu reinen Vokalen überzugehen, kann man auf einem Atem „mo" und dann die gleiche Übung auf „O" anschließen. Zuerst wird der Sänger das „O" spannungslos und verhaucht angreifen. Hier muß sofort das Ohr korrigieren. Denn wo „mo" angesetzt wird, muß auch das „O" placiert werden.

Alle Anfänger neigen dazu, die Spannung im Zwerchfell loszulassen und die Stimme einzuengen, wenn man von den Silben zum reinen Vokal übergeht. Es muß dabei besonders am Anfang immer wieder betont werden, daß man ohne Spannung des elastischen Zwerchfelles keinen offenen Schlund haben kann. Man kann an den fortgeschrittenen Schülern, wenn sie Text singen, oft beobachten, daß sie voll Spannung zu einem Höhepunkt hinsteuern, um dann wie befriedigt über die dramatische Hochleistung die folgenden tieferen Töne ohne Spannung zu singen. Diese werden dadurch in den Rachen hineingezogen und verlieren ihr Timbre. Eine Bandaufnahme ist hier sehr angebracht. Jeder Schüler hört sofort seinen Fehler.

Später werden Tonleitern abwärts geübt. Der Schüler wird auf die Klangunterschiede aufmerksam gemacht, die sich aus dem Abbröckeln der Kopfresonanz ergeben. Sehr viel Mühe macht es oft, einen gestützten Kopfklang in den Tönen c—f in der eingestrichenen Oktave zu erhalten. Fast alle Soprane neigen in dieser Lage dazu, zu verbrusten oder zu verhauchen. Hier muß man spezielle Übungen anwenden, um die Stütze und den Stimmlippenschluß zu erziehen. Fred Husler ist mit stummen gestützten i-Übungen einen ganz eigenen Weg gegangen. Aus dem „i" wird Raum und Resonanz herausgenommen, das Zwerchfell wird stark kontrahiert, die Bauchmuskeln sind mit beteiligt; dadurch ist das „i" von jedem eventuellen Kehldruck befreit, sitzt vorn, und oben schließt die Stimmritze und alle Anstrengung haben die Atmungsmuskeln übernommen. Später geht man dann zu offenem „i" und „u" über und die Wirkung ist fast immer verblüffend. Das Schonende an Huslers Unterricht ist, daß er eine Anzahl von Trainingsübungen entwickelt hat, die bestimmte Funktionen trainieren, aber völlig ohne Anstrengung für die Kehle sind. Diese gleichen stummen „i"-Übungen sind ebenfalls in der Höhe und höchsten Höhe zu verwenden. Man erzieht so einen makellosen hochsitzenden Ansatz ohne Reibung, Hauch oder Spannung.

Die Übungen aufwärts sind für die meisten Sänger schwieriger als abwärts. Beim Erreichen der Höhe läßt meist die Atemspannung nach. Der Kehlkopf steigt und die Töne klingen eng und rauh. Jetzt muß nun der Sänger lernen, leicht und doch mit Spannung die Höhe zu gewinnen. Hier helfen Tonleitern auf „m" und „w"; zunächst geht man sofort in die Oktave herunter und dann läßt man langsam den obersten Ton etwas länger halten. Ausgezeichnet und viel geübt müssen Quart-, Quint- und Oktavsprünge werden. Immer entstehen im Anfang Löcher bei Sprüngen. Der Sänger muß die Empfindung anstreben, er mache keinen Sprung, sondern er sänge den Ton daneben. Noch mehr als auf den oberen Ton muß auf den unteren geachtet werden. Wenn er gut sitzt, gibt es für den Sänger keine Schwierigkeiten, um auf die Quinte oder Oktave zu springen. Wenn man dann von der Oktave den Dreiklang abwärts singen läßt, vollzieht sich unmerklich die Registerangleichung. Hat man die Stimme leicht und beweglich zu diesen Sprüngen erzogen und sitzt die obere Oktave locker und schwingend im Kopf, so läßt man den Dreiklang crescendo abwärts üben. Später folgt die ganze Tonleiter, sobald der Atem länger und besser geworden ist. Auf welchem Vokal man diese Übungen machen läßt, hängt von der Stimme jedes einzelnen Schülers ab. Zumeist ist „O" günstig. Sitzt „O" oder „A" gut, so läßt man „i" und „e" auf demselben Atem mitüben. Nicht neu einatmen lassen, wenn das „i" oder „e" zur Verkrampfung neigt. Der Schlund krampft sich bestimmt zu, wenn „i" dann frei eingesetzt wird. Ist aber „o" entspannt, so wird man auch sehr schnell zu einem entspannten und offenen „i" kommen. Doch auch hieraus läßt sich kein Dogma ableiten. Immer muß die Stimmanlage des Schülers dem Lehrer gegenwärtig sein. Es kann sehr wohl möglich sein, daß die Naturanlage ein ausgezeichnetes, glanzvolles, weites „i" hat und eine strahlende Mittellage präsentiert. Dann wird man von diesen Möglichkeiten selbstverständlich ausgehen und von dort aus die Stimme ausbauen. Am schwierigsten auszubilden sind meist dramatische Tenöre und Soprane. Sie müssen über einen großen Stimmumfang verfügen. In der Tiefe wird von ihnen Bariton und Alttimbre verlangt. Die Höhe muß strahlend und offen sein. Meist hat man Schwierigkeiten, die Höhe aufzuschließen. Ehe aber die Höhe nicht erschlossen ist, kann man auch nicht mischen. Hier kann man oft auch eine stumme dunkle U-Übung einsetzen, um die Kehle zur tiefen Stellung zu erziehen. Da diese Übung der Kopfton-Funktion günstig ist, behindert sie die klare Vokalisation. Man muß daher, um die Stimme nicht einseitig zu erziehen, auch die hellen Vokale zu Übungen benützen. Die funktionelle Umkehrung fordert den offenen Ton. Selbstverständlich muß man entsprechende Übungen anschließen, um allmählich die gemischte Stimme zu erreichen. Zum Ausgleich übt man dann immer wieder Geläufigkeit, leicht, entspannt, doch immer auf dem Atem. Die Angst vieler Pädagogen vor der Bruststimme ist mir unverständlich. Man läßt wie ein Frosch oder wie eine Nachtigall, wenn sie warnt, locker ohne Druck schnarren. Von diesem Schnarren aus bildet man die Bruststimme auf a, b oder h unter dem eingestrichenen c, achtet aber darauf, daß nicht geknödelt wird. Dann läßt man Raum und Kopfresonanz dazunehmen und macht schnelle Terzübungen. Wenn dies richtig gemacht wird, ist die Kehle sehr schnell locker. Von dieser Bruststimme mit dem schnarrenden Untergrund, die eine lebendige Vibration im Ton ist, kann man eine Oktave höher in die Mittelstimme springen, wobei man möglichst die Vibration mit hinauf nimmt (aber Mittelstimme!). Man kann dann die Stimme ruhig hinunterführen und langsam ab d die Bruststimme hineinmischen. Ohne Druck, ohne Bruch erreicht man so die Bruststimme.

Schwer ist diese Übung aufwärts zu führen, weil der Sänger zu lange in der Bruststimme verweilen möchte. Hier muß das Ohr die Stimme lenken und abtasten, bis auch Übungen dieses Überganges nahtlos geschafft werden. Sehr gut sind später Schwelltonübungen in der Quinte c—g der unteren Lage und ebenfalls Vokalausgleiche.

Eine schwierige Quinte ist das Pfeifregister vom dreigestrichenen c—g. Diese Lage kann natürlich nur geübt werden, wenn die Anlage dazu von Natur aus vorhanden ist. Ich muß wieder ein Paradoxon sagen: Theoretisch kann durch sehr langes technisches Training auch diese Quinte erobert werden. Aber das Menschenleben ist zu kurz, um sie dann künstlerisch auswerten zu können. Liegt aber in der Stimme die Möglichkeit dieser Höhe, so muß sie selbstverständlich so ausgebildet werden, daß sie ohne Spannungen zur Verfügung steht. Hierzu verhilft das gestützte Katzenmiauen. Wenn man entspannt ist, kann man bis zur höchsten Höhe „miauen". Man bekommt dadurch ein Gefühl von dem hohen Sitz. In dieser Lage kann man nicht hoch und schlank genug denken. Selbst wenn man nur ein wenig von unten denkt, ist es vorbei mit dem schwingenden Klang. Hier heißt die Regel: Voraushören und zwar möglichst noch eine Oktave höher als man singen soll, um sich die Obertöne klanglich suggestiv zu erobern. Sind Spannungen vorhanden, so darf man in dieser Lage täglich nur sehr kurz und nur unter Aufsicht üben. Immer wieder muß man sich Platten von der Galli-Curci und von der Ivogün anhören, um den runden, silbernen, zarten Ton klanglich in sich zu verarbeiten. Auch bei Männerstimmen muß man diese hohen Töne entwickeln, um sie eine Oktave tiefer mit der Mittelstimme zu vermischen. Eine Männerstimme, die keine Obertöne in die Stimme hineinnimmt, klingt roh und unedel.

Nicht wahr, das klingt alles sehr kompliziert? Wenn man aber singen kann, ist alles viel natürlicher, leichter und selbstverständlich. Man weiß später kaum noch, was eigentlich so schwierig war. Der Pädagoge aber muß sich dieser Schwierigkeit immer bewußt bleiben. Nie darf er die Geduld verlieren. Und wenn der Schüler ungeduldig wird, muß er Verständnis dafür haben, ihn trösten und Zuversicht zeigen. Immer soll er auch an seine Möglichkeiten mit glauben und ihn trösten mit den Worten aus Wilhelm Meister:

„Was man in der Jugend wünscht,
hat man im Alter in Fülle."

Goethe

8. *Timbre und Schwingung*

Der bloße Wohllaut ihrer Stimme hatte mir beim ersten Hören das Herz wie kaum je ein Klang bewegt. Aber sie hatte nicht nur eine Kehle, sondern auch eine Seele. BRUNO WALTER
über Kathleen Ferrier

Keine Stimme hat je mein Herz so tief angerührt wie der dunkle beseelte Alt von Kathleen Ferrier im „Abschied" des „Liedes von der Erde" von Gustav Mahler.

„Er sprach, seine Stimme war umflort:
Du, mein Freund,
Mir war auf dieser Welt das Glück nicht hold!
Wohin ich geh'? Ich geh', ich wandre in die Berge.
Ich suche Ruhe für mein einsam Herz."

Wer diese Verse mit den Schwingungen der Trauer, des Schmerzes in der Stimme von ihr gehört hat, kann die Worte von Bruno Walter nachempfinden: „Sie hatte nicht nur eine Kehle, sondern auch eine Seele!" Die Stimme von Kathleen Ferrier hatte ein Timbre, wie es in dieser Schönheit und Wärme nur wenigen Menschen beschieden war.

Timbre ist die seelische Schwingung der Stimme. Jede Stimme ist von

Natur aus mit einer eigenen Stimmfarbe bedacht. Keine Stimme ist gleich der anderen, denn kein Mensch ist dem anderen gleich. Es gibt dunkle, helle, zarte, liebliche, strahlende, goldene, silberne Klangfarben. Es gibt jedoch auch kehlige, nasale und rauhe Stimmtönungen. Für die Qualität einer Stimme ist vor allem das Timbre entscheidend. Weil es die Eigenschwingung der Stimme bedeutet, ist auch eine reichtimbrierte Stimme meist sehr tragfähig.

Eine schön timbrierte Stimme, auch wenn sie klein ist, ist jeder großen Stimme, die nicht über eine solch schöne Farbe verfügt, weit überlegen. Meist hört man bei dem Schüler im Anfang nur einige Töne, die eine Schwingung ausstrahlen und die aufhorchen lassen. Hier muß beim Meister sofort die innere Einfühlung einsetzen. Vor seinem Ohr muß die Stimme erstehen, die einmal am Ende der Ausbildung da sein soll. Ist man ein besessener Pädagoge, so vergißt man diese Töne nicht mehr und man strebt danach, diese Schwingungen in immer neuen Tönen freizulegen.

Kann man nun einer Stimme, die über wenig Timbre verfügt, jemals eine eigene Klangfarbe geben? Dies ist eine schwer zu beantwortende Frage, für die es eine allgemein gültige Antwort nicht gibt. Entscheidend bleibt, ob der Mensch über eine persönliche Ausstrahlung und eine künstlerische Phantasie verfügt und ob er seelische Erlebnisfähigkeit und Visionskraft in Klang und Melos umsetzen kann.

Es gibt Menschen, die zwar über keine schöne Stimme verfügen, die aber doch eine große gestalterische Fähigkeit mitbringen, so daß jeder Hörende nach einigen Minuten im Bann dieses Künstlers steht und völlig vergißt, daß der Sänger nicht über eine schöne Stimme verfügt. Solche Sänger haben es schwerer als begnadete Stimmen. Sie müssen mehr können als andere, um all das auszudrücken, was sie zum Singen zwingt. Jeder Pädagoge kennt solche Sänger, die besessen vom Singen sind und die es einfach zwingen wollen. Der Meister trägt in solchen Fällen höchste Verantwortung. Er darf dem Sänger nicht verschweigen, daß seine Stimme zwar nicht reizvoll ist im Sinne einer zwingend schönen Stimme, daß er aber als Mensch interessant und überzeugend wirken könnte. Wer nicht vom Singen lassen kann, muß wissen, daß viel Kraft, Energie und Idealismus aufgebracht werden müssen, um einen Weg zu finden. Nie kann man einen Menschen, der aus innerem Zwang singen muß, vom Singen abhalten. Das soll man auch nicht. Man soll ihm dann aber die Möglichkeit schaffen, noch einen anderen Beruf zu erlernen, damit er nie in Zwangssituationen versetzt werde. Ich hatte einige solcher Schüler, und sie wurden restlos glücklich, obgleich sie nicht die Berufssängerlaufbahn ergriffen haben. Alle haben mir bestätigt, daß das Singen sie innerlich bereichert und ihre Lebensauffassung völlig verändert hätte. Das Freiwerden, das Ausströmen, das Sichausdrücken können, das Konzentrieren auf geistige Dinge hätte sie allen Lebenssituationen überlegen gemacht. Nur das „eben einmal singen wollen“ lehne ich ab. Wer sich dem Singen hingibt, muß es so ernst und ausdauernd wollen, wie die Japaner das Bogenschießen oder das Blumenstecken.

Der letzte Sinn allen Tuns muß gegenwärtig sein, der große Ernst der letzten Fragen. Nur dann schließt sich jene geistige Welt auf, die uns immer mehr beunruhigt, je tiefer wir in sie eindringen, die uns aber auch mit reifer Ausgeglichenheit beschenkt.

Noch aber ist die Frage nicht beantwortet, ob man Timbre entwickeln kann. Ja, man kann es!

Meist ist das Timbre nur verschüttet durch Verkrampfung, Kehlsteifheit, falschen Atem und Ansatz. Ich sagte schon, daß Timbre die Eigenschwingung der Stimme ist. Löst man die Stimme von ihren Fehlern und erzieht man den Atem, so können die Stimmbänder in ihre Eigenschwingung versetzt werden. Dann aber tritt erst die „Stimme an sich“ klar vor unser Ohr. Die Schwingungen der Stimmbänder können auch durch besondere Übungen intensiviert werden. Aber diese Übungen sind nur förderlich, wenn der Klangsinn des Sängers stark entwickelt ist. Er muß erst begreifen, auf was es ankommt.

Es ist mir aufgefallen, daß nicht nur Laien, sondern auch viele Musiker irrige Auffassungen vom Vibrato und Tremolo der Stimme haben. Bei guten Geigern kann man oft schon an ihrem Vibrato die Schule erkennen. Der Geiger wendet das Vibrato an, um den Ton farbiger zu gestalten. Genau das gleiche tut der Sänger. Je nach Stil verwendet der Sänger ein Vibrato. Keinem Künstler von Geschmack wird es einfallen, bei Bach- oder Händelkantaten innerhalb der Koloraturen ein Vibrato zu gebrauchen. Verdi und Puccini jedoch erfordern eindeutig die Anwendung eines gekonnten Vibrato. Besonders gute Wirkungen sind hier erzielbar beim Portamento auf- oder abwärts, aber meisterhafte Stimmbeherrschung und Musikalität sind die Vorbedingungen eines künstlerisch gültigen Vibrato. Wer dies beherrscht, hat eine reiche Palette seelischer Ausdrucksmöglichkeiten zur Hand. Erst, wenn man diese Art des Herab- und Heraufführens der Stimme verfügbar hat, darf man es künstlerisch verwerten. Ein falsches Vibrato führt zur Karrikatur dessen, was man ausdrücken möchte.

Tremolo ist ein unruhiges Flackern der Stimme, bei dem der Sänger die Tonhöhe nicht mehr stetig halten kann. Es ist verursacht durch Erschlaffung der Stimmbänder und bedeutet ein krankhaftes Verfallszeichen der Stimme. Wenn diese Erscheinungen auftreten, ist es in der Regel zu spät, um sie zu reparieren, zumal Berufssänger kaum bereit sind und die Möglichkeit finden, eine Weile völlig auszusetzen, ehe es endgültig zu spät ist.

Sängerisches Ziel ist es, die Stimme ganz ruhig zu führen, aber ohne daß der Ton starr und fest ist. Immer muß die Stimme innere Lebendigkeit besitzen.

Ein weiteres wichtiges Thema muß noch angeschnitten werden, gleich wichtig für den Pädagogen wie für den Sänger. Immer wieder kann man beobachten, daß der Umfang der Stimme überzogen wird. Aus einem Bariton soll plötzlich ein Tristan werden, aus einem großen Mezzo ein hochdramatischer Sopran. Nur in ganz seltenen Fällen glückt ein solches Experiment. Sigrid Onégin konnte ein sehr schönes c^3 singen, aber sie war intelligent genug, nicht in das hochdramatische Fach überzuwechseln; denn die Schönheit der Stimme, ihr wundervolles Timbre lag im dunklen sammetartigen Klang. Immer muß man prüfen, in welcher Lage der strömendste, persönlichste Klang liegt, in welche Lage die Stimme von Natur aus drängt und wo die stärksten Ausdrucksmöglichkeiten liegen. Auch der große Mezzosopran muß über eine strahlende Höhe verfügen, wenn wir an Rollen denken wie Amneris, Eboli, Rosine, Verdi-Requiem! Ein Sopran muß jedoch seine Stärke in der Übergangslage um e^2, f^2, fis^2 und g^2 haben. Diese Lage muß spielend leicht bewältigt werden und gemischt sein. Ich habe immer wieder festgestellt, daß Altistinnen, die ins Sopranfach umwechselten, mit dieser Lage zu kämpfen haben. Es ist eine der wichtigsten und verantwortungsvollsten Aufgaben des Gesangspädagogen, hier richtungsweisend und aufklärend zu wirken.

9. Die Artikulation

> *Es gibt keinen korrekten Vortrag ohne eine gute Aussprache, noch eine gute Aussprache ohne klares und sauberes Artikulieren. Um aber gut zu artikulieren, ist es notwendig, den Konsonanten ihren genauen Wert zu geben, den Vokalen ihre wahre Klangfarbe, den Worten ihren richtigen Akzent.*
>
> E. Delle Sedie
> aus: „Arte e fisiologie del canto“ 1876

Wer in Italien einige Zeit gelebt hat und Italiener sprechen hört, hat stets das Gefühl, daß eine heftige Auseinandersetzung stattfindet; denn die Menschen sprechen hier meist mit erhöhtem Klang und mit Kraft. Auch die Schnelligkeit und Deutlichkeit der Artikulation fällt uns auf. Wer Franzosen sprechen hört, kann eine große Beweglichkeit der Lippen feststellen. Alles Dispositionen, die uns Deutschen leider fehlen und die wir erst erarbeiten müssen.

Der Italiener spricht grundsätzlich auf dem Atem. Die Natur hat ihm also eine ausgezeichnete Sängerdisposition mitgegeben. Schon von Kind an betätigt er sein Zwerchfell, seine Stimmritze und alle Muskeln des Ansatzrohres. Lachen Italiener, so kann man förmlich aus Klang und Volumen die Elastizität des Zwerchfelles spüren. Die meisten Deutschen neigen dazu, mit unklaren Vokalen und matten Konsonanten zu sprechen. Bei ungelernten Sängern machen sich die Fehler sofort dadurch bemerkbar, daß die Vokale niemals in der Klangfarbe erklingen, wie es sich der Dichter vorstellte, und daß jeder Konsonant die Linie zerreißt. Es entstehen Löcher, und der Vokal wird durch den ungestützten Konsonanten in den Rachen hineingezogen. Außerdem haben wir es in der deutschen Sprache nicht nur mit reinen Vokalen zu tun, sondern mit einem Reichtum der Mischklänge der Diphthonge.

Während der ganzen ersten Studienzeit wird es nichts anderes geben als das Zwerchfell elastisch, federnd, beweglich und gespannt zu machen. Ohne daß der Schüler viel von Sprache erfährt, lernt er durch die Solmisationssilben mit klingenden, summenden Konsonanten diese mit Vokalen zu verbinden. Läßt man z. B. do, re, mi, fa, so, la, si, do auf einem Ton rasch singen, so daß die Vokale rein und klar ausgesprochen werden, lernt man auch die Lippenmuskeln schnell bewegen. Wichtig bei dieser Übung ist, daß die Konsonanten die Klangfarben der Vokale nicht verändern. Ein schwieriger Konsonant ist für die meisten Sänger das klingende „l". Läßt man „l" allein singen, so drückt meist die Zungenwurzel auf die Kehle und es entsteht ein enger und geknödelter Ton. Wenn man nun die Aufmerksamkeit auf die Zunge lenken würde, so käme noch dazu ein gepreßter Ton zu Tage. Man muß also die Aufmerksamkeit von der Kehle ab und hin auf ein bewegliches Zwerchfell richten, indem man schnelle „l"-Übungen versucht, bei welchen man „l" mit e, i, a verbindet. Es kann auch helfen, wenn man den Schüler in seiner Vorstellung lächeln läßt. Das „l" löst sich schnell, und es ist kein Problem. Es ist dann aber ein ausgezeichneter Konsonant, um „in die Maske" hinein zu üben und die Resonanz zu stärken. Allmählich geht man zu einem langsamen li, le, la über, und später läßt man „l" auch ohne Vokale üben. Wichtig allein bleibt es, daß die Konsonanten auf dem Atem getragen und geführt werden.

Bewußte Sprachübungen sind erst sinnvoll, wenn der Schüler seine Stimme atemmäßig beherrscht. Dann funktioniert die Verbindung Konsonant-Vokal sehr schnell und verursacht nicht jene großen Mühen, die auftreten, wenn man die Sprache an den Anfang des Studiums legt. Einige Mühe machen die Explosivlaute. Hier fehlt uns die Veranlagung der Italiener, sie von Anfang an plastisch zu formen. Jeder Schüler bringt irgendeine sprachliche Schwierigkeit mit. Der eine kann kein „r", der andere kann kein richtiges „s" sprechen. Daher muß der Lehrer mit bestimmten Übungen eingreifen, um jedem seine Fehler überwinden zu helfen. Beim Erlangen des Zungen-„r" fruchten manchmal alle Übungen nichts. Resignation ist hier oft leider angebracht. Man muß eben danach trachten, daß das Gaumen-„r" nicht die Vokale beeinträchtigt und daß der Schüler zu einem behelfsmäßigen Zungen-„r" kommt. Es gibt aber auch Sänger, die ihr Zungen-„r“ so schnurren lassen, daß der Zuhörer nur noch nervös auf das „r“ wartet und von der Musik nichts mehr wahrnimmt. Alle Übertreibungen in der Sprache stören die Musik.

Ist die Sprache sehr gehemmt und verkrampft, so muß man mit Übungen auf den guten alten Paul Hey zurückgreifen. Paul Heys Sprachlehre ist auch heute noch das Standardwerk für Sprachübungen. Leider sind seine Satzbildungen furchtbar und sie können einem die deutsche Sprache verleiden. Oder sprechen Sie gerne solche Sätze: „Lang lauscht Lili, lispelte lieblich Liebeslaller!“?

Es ist sehr fragwürdig, sinnlose Worte aneinanderzusetzen, um Vokale und Konsonanten zu üben. Z. B.: „Tränen rinnen wonnesam“, Tonleiter abwärts oder dreiklangmäßig geübt, muß dem Schüler jedes Gefühl für „Tränen rinnen“ als künstlerischen Ausdruck rauben. Wie könnte er dann noch im „Mädchenlied“ von Brahms fühlen, „die Tränen rinnen mir übers Gesicht“? Die Schönheit der Sprache und der künstlerische Akzent für das Wort dürfen niemals für Sinnloses mißbraucht werden. Im Gegenteil, der Schüler muß sofort für die Schönheit der Sprache am Dichterwort gewonnen sein. Vokale und Vokalausgleiche sind im Training sowieso geübt worden und müssen technisch gelöst sein, ehe man an Lieder und Arien herangeht.

Am Kunstwerk muß der Schüler die Eigenart und Schönheit jedes Wortes empfinden. Er muß die Stimmung nicht nur im Klang der Stimme haben, sondern er muß sie auch mit der Sprache empfinden. Ein Gedicht wie „Über allen Gipfeln ist Ruh“ muß man auch gut sprechen können, wenn man es schön singen will. In dieser einen Verszeile muß bei dem Worte „über“ schon der Abendfriede mitklingen. Die Stille, die die Landschaft umgibt, und das Abschiednehmen der letzten Zeile: „warte nur, balde ruhest du auch“, die Erfülltheit des Lebens, die leise und ruhig den letzten Frieden erahnt, muß in dem „ruhest du auch“ ausklingen. Wer von Goethes Worten und Schuberts genial mitgefühlter Komposition nicht innerlich ergriffen wird, sollte aufhören zu singen, weil er dann niemals seelische Aussagen übermitteln kann. Allerdings können wir dies nur von uns deutschen Sängern verlangen. Die Italiener, die fast nur mit ihrer Musik verwachsen sind, müssen diese eben mit der seelischen Intensität ausfüllen, die ihre Kunstwerke erfordern.

Der Sänger muß mit den verschiedensten Färbungen der Vokale voll vertraut gemacht werden. „Tot“ und „morden“, „leer“ und „ernten“ fordern einmal einen gedeckten und das andere Mal einen offenen Klang. Schon beim täglichen Sprechen muß man den Schüler dazu bringen, Vokale und Konsonanten klar und richtig zu sprechen. Es wird ihm dann beim Textsingen nicht mehr schwerfallen, die Worte sinngemäß einzufärben. Wie schön der Wechsel der Farben in der Sprache ist, lernt man nur am Kunstwerk selbst. „Wann der silberne Mond durch das

Gesträuche blinkt und sein schlummerndes Licht über den Rasen streut." Die Schönheit des Klanges in „schlummerndes Licht", das „schl", „u" und das klingende „mm" müssen die Vorstellung des silbernen Mondes in sich haben. Mozartsche Rezitationen wieder müssen anders, nämlich elegant, federnd und rasch empfunden sein.

Jeder Lehrer weiß, wie schwer es am Anfang ist, nur zwei Vokale einander angleichen zu lassen. Läßt man von o zum a singen, so wird meist das a in der Tonqualität schlechter sein, es wird flach und eng klingen. Der Schüler hat die Spannung des Zwerchfelles verloren und den Raum vom „a" weggenommen. Vielleicht fällt dem Schüler das „i" leichter. Zumeist ist das „i" leichter zu entwickeln als das „a". Bei der gesamten Arbeit an der Vokalisation kommt es stets darauf an, sofort festzustellen, wo die Steifheit und wo die Spannungen des Schülers sitzen und welche Übungen ihm helfen, sie zu lösen. Es gibt kein Universalrezept zur Behebung aller dieser Schwierigkeiten. Das Wort von Stockhausen: „Die Gesetze für die Behandlung der Stimme sind stets dieselben gewesen und werden auch dieselben bleiben" hat meiner Meinung nach nur in der Form Gültigkeit, daß man über das positive Endziel, eine gelöste und natürlich geführte Stimme sein eigen zu nennen, niemals im Zweifel sein kann. Die Gesetze für die Funktion der Stimme sind stets die gleichen, nicht aber die Behandlung, die zur richtigen Stimmfunktion führt. Ich habe auch dafür wieder meine Erfahrungen aus der Poliomyelitiszeit gesammelt. Kein einziger Fall von Kinderlähmung ist gleich, weil bei jedem andere Muskelgruppen beschädigt oder ausgefallen sind. Sofort muß der Kranke daher versuchen, eigene Erfahrungen zu sammeln, Sinnesempfindungen zu beobachten, um die Bewegungsfunktionen aus der Erinnerung wieder herzustellen. Oft übernehmen andere Muskelpaare die Arbeit der ehemals dafür vorgesehenen, die nun ausgefallen sind. Es ist ein Wunder, wie die Natur sich zu helfen weiß. Allerdings ist entscheidend für den Erfolg, daß der Kranke seine Willenskraft zur Bewegung um jeden Preis, auch den von Schmerzen und Erschöpfung, erzieht.

Nun könnte mir entgegengehalten werden, daß Polio eine anormale Muskel- und Nervensituation darstellt. Jedoch auch beim gesunden Menschen sind die Dispositionen der Kehlmuskulatur und deren Innervation in den seltensten Fällen normal. Der Pädagoge muß sich über die jeweilige Situation klar werden und danach seine Erziehungs- und, wenn nötig, seine Heilungsmethoden einrichten. Wie man aber auch keine Poliokranken mit nur theoretischen Erklärungen wieder bewegungsfähig machen kann, so kann man auch keinem Sänger nur mit theoretischen Erklärungen helfen. Der Tenor dieses Buches heißt immer wieder: „Singen ist Erfahrung". Es ist nur in der Praxis zu erlernen bei einem Pädagogen, der alle Funktionen seiner eigenen Stimme beherrscht. Schüler, hör erst deinen Lehrer singen, ehe du ihm deine Stimme anvertraust.

10. Über Training und Üben ohne Lehrer

Wieviel muß er üben und hinter sich lassen, damit er endlich auf die Wahrheit stoße! Wie oft peinigt ihn unterwegs das trostlose Gefühl, er strebe Unmögliches an. Und doch ist dieses Unmögliche eines Tages möglich, ja sogar selbstverständlich geworden. —
Aus: „Zen" In der „Kunst des Bogenschießens" von
EUGEN HERRIGEL

Beschäftigen wir uns mit dem Leben berühmter Sänger und Sängerinnen im 17. und 18. Jahrhundert, lesen wir in den alten Schriften der Gesangsmeister jener Zeit, so erhalten wir ein genaues Bild von der Kultur der Stimmen jener Jahrhunderte und von dem Ernst, mit dem man damals die Gesangserziehung betrieb. Es gab einige sehr bedeutende Gesangsschulen in Bologna, Venedig und Neapel. Bologna wurde berühmt durch Tosi und Bernacchi, Neapel durch Porpora. Von Porpora wissen wir, daß er nicht nur Gesangsmeister war und so berühmte und geniale Sänger herausbrachte wie Farinelli, Cafarelli und Katherina Gabrielli, sondern daß er auch komponierte und 53 Opern schrieb.

Die Ausbildung der Sänger dauerte 8 bis 9 Jahre und stand unter der Leitung vollkommener Sänger, die die Übungen überwachten, selbst vorsangen, jeden Fehler erkannten und ihn zu beseitigen versuchten.

Vom Sänger wurde eine umfassende musikalische Bildung verlangt. Er spielte meist mehrere Instrumente, wurde gewissenhaft in Musiktheorie unterrichtet und schrieb selbst Arien und Motetten. Dazu kam das eigentliche Gesangsstudium, welches mehrere Stunden am Tage in Anspruch nahm. Neben dem Musikstudium enthielt der Stundenplan auch Literatur und Deklamation. Von der Faustina Bordoni wissen wir, daß sie acht Jahre in Venedig bei Francesco Gasparini studierte und großen Erfolg beim ersten Auftreten 1716 in Venedig hatte. Aber sie selbst war noch nicht zufrieden mit ihrer Stimme und studierte ein Jahr bei Bernacchi in Bologna, um sich im Koloraturgesang zu vervollkommnen.

Wir sollen nur nicht glauben, daß wir heute begabter wären und, wie viele annehmen, in drei oder vier Jahren vollkommene Stimmbeherrschung erreichen könnten, zumal in den Hochschulen dem Hauptfach Gesang vielfach nur ein oder zwei halbe Stunden in der Woche gewidmet sind. Hier müßte eine Reform durchgeführt werden. Es ist sinnlos, nur einmal in der Woche mit seinen Schülern zu arbeiten; wenn man mit einer Stimme etwas erreichen will, muß eine tägliche konsequente Trainingsarbeit geleistet werden. Am Anfang werden täglich 20 Minuten Übungszeit genügen. Für eine längere Zeit wird auch die Konzentrationsfähigkeit des

Schülers nicht ausreichen. Man muß den Sänger von Anfang an zur konzentrierten Intensität erziehen. Nicht eine Minute darf er mit seinen Gedanken abirren. Er muß sich völlig seiner Aufgabe hingeben. Und es muß ihm beigebracht werden, daß Üben ohne Konzentration Zeitvergeudung ist. Keinen Moment darf er sein Ohr ausschalten oder die Spannung und Intensität verlieren. Intensität darf aber nicht mit Verkrampfung verwechselt werden. Auch vom Gesangspädagogen verlangt diese Art Training eine ungeheure Konzentration, Selbstbeherrschung und Ausstrahlung.

Muß nun ein Gesangspädagoge über suggestive Ausstrahlung verfügen? Ich glaube, daß jeder gute Pädagoge diese Fähigkeit hat. Ein echter Pädagoge ist immer auch Menschenerzieher. Er glaubt an die Entwicklungsmöglichkeit des Menschen und an das Gute und Edle, denn sonst wäre er ja nicht Pädagoge. Alle großen Pädagogen verfügten über eine persönliche Ausstrahlung, die sie befähigte, junge Menschen zu entwickeln. So kann ich mir auch nur einen guten Gesangspädagogen vorstellen, wenn er über die suggestive Kraft verfügt, das Beste im jungen Künstler zu wecken.

Am Anfang des Gesangsstudiums ist es ganz besonders wichtig, daß der Lehrer allein das Training in der Hand behält und daß der Schüler noch nicht versucht, zu Hause an seiner Stimme herumzuprobieren. Was man will und wie es klingen soll, begreifen Anfänger nicht sofort. Erst wenn man festgestellt hat, daß er bestimmte Übungen verstanden hat, kann man ihn zum Üben ohne Lehrer anregen. Bemerkt man, daß er sich allein „verübt", so läßt man ihn wieder nur unter Aufsicht singen. Doch muß die Aufmerksamkeit des Lehrers immer darauf hinzielen, daß der Schüler auch später selbständig arbeiten kann. Die Gefahren der suggestiven Persönlichkeit des Lehrers können dahin führen, daß der Schüler in der Gesangsstunde aktiv und schwingend singt, dagegen lasch und unkonzentriert ohne Beeinflussung durch den Lehrer. Deshalb muß der Meister immer wieder seine Schüler zur Konzentrationsfähigkeit erziehen. Sie müssen den Ansporn in sich fühlen, um ihren eigenen Schatten im Training und in der künstlerischen Arbeit zu überspringen.

Beginnt man mit der sängerischen Arbeit, so muß man den Einsatz aller Kräfte fordern. Kunstgesang, wie wir ihn uns vorstellen, ist eine hart erworbene, schwer erarbeitete Kunst. Schöne Stimmen gibt es auch heute noch oft, aber meist fehlt die Charakterstärke, um durchzuhalten. Jeder Mensch, der musikalisch ist und eine Stimme hat, mag sie groß oder klein sein, hell oder dunkel, kann sich das Rüstzeug zur Stimmkultur erarbeiten. Man muß aber von Beginn an den jungen Sänger zu konsequenter Arbeit erziehen. Er soll sich einfach in seiner Haut nicht wohlfühlen, wenn er sein tägliches Training nicht erfüllt hat. Das Wort, welches Franz Liszt zugesprochen wird, soll Weisung sein für jeden Sänger: „Wenn ich einen Tag nicht geübt habe, merke ich es, übe ich zwei Tage nicht, merken es meine Freunde, nach drei Tagen — merken es sogar die anderen."

Zu Beginn des Studiums läßt man Atemübungen auch allein zu Haus üben; möglichst morgens und abends im Liegen. Der Sänger soll damit zunächst einmal sein Zwerchfell, die Bauchmuskeln und den Brustkorb beim Atmen selber fühlen lernen. Langsam kommt dann eine Übung nach der anderen dazu, bis der Schüler auch ohne den Lehrer zu Hause trainieren kann. Beim Üben ohne Lehrer hängt viel davon ab, ob der Schüler über sängerischen Instinkt verfügt und sofort spürt, wenn er unrichtige Wege einschlägt. Er wird auch stetig dazu erzogen, sich alleine „einzusingen". Je größer das Können eines Sängers ist, desto konsequenter und sorgfältiger wird er mit seiner Stimme umgehen. Schon morgens wird er sie durchprobieren und prüfen, ob der Ansatz leicht und mühelos gelingt. Jeder Sänger muß die Lage der Stimme zum Morgentraining benutzen, die leicht und von selber anspricht.

Von dieser sängerischen Situation aus baut man nach oben und unten aus, bis man seinen Umfang spielend und ohne Mühen beherrscht. Man muß seine stimmlichen Möglichkeiten genau kennen, um zu wissen, wie man am sichersten und ohne Kraftaufwand täglich die Stimme ausgleicht. In den ersten Jahren soll der Schüler immer nur den Umfang trainieren, den er ohne Spannungen und Verkrampfungen erreicht; die Ausweitung des Organs sollte immer nur der Lehrer selbst überwachen, weil er allein die Kraftpunkte ohne Schaden für die Kehle übersieht. Später, wenn der Sänger weiß, was er tut, muß er ständig die Technik seiner Stimme verbessern. Diese Arbeit hört niemals auf, auch wenn man längst auf dem Podium steht und Erfolge zu verbuchen hat. Immer muß man sein eigener strengster Kritiker sein, immer gibt es Vervollkommnungen und nie ist man am Endpunkt der sängerischen Entwicklung angelangt. Wer glaubt, daß er sein Endziel erreicht hat, macht in diesem Moment den ersten Schritt zum Niedergang seiner Kunst. Je selbständiger ein Sänger sich richtig zu hören vermag und je besser er die Möglichkeiten seiner Stimme erkennt, desto reicher wird seine stimmliche Entwicklung werden, wenn er an sich ständig weiterarbeitet.

11. Vom Handwerk zur Kunst

Nur Schritt für Schritt können wir uns vervollkommnen. Um die allerletzte ideale Vollendung zu erlangen, dazu ist die Gesangskunst zu schwer und das Leben zu kurz. LILLI LEHMANN

Ein guter Handwerker braucht noch lange kein Künstler zu sein. Wenn ein Sänger im schnellsten Tempo durch drei Oktaven Läufe, Staccati, Doppeltriller, wenn er mit schier endlosem Atem Schwelltöne und lange Gesangslinien singen kann, so ist er ein großartiger Könner und Virtuose. Aber das innerste Wesen der Kunst wird mit diesen Mitteln noch nicht berührt. Um sich künstlerisch ausdrücken zu können, brauchen wir wohl ein vollendetes Handwerk, aber die Virtuosität darf niemals Selbstzweck sein, sondern muß Dienerin der großen Werke der Tonkunst bleiben. Es ist Handwerk, wenn wir Koloraturübungen im Training singen, um die Geläufigkeit und den Registerausgleich zu schulen. Künstlerische Arbeit ist es, eine Koloratur in einer Händel- oder Mozartarie zu interpretieren. Auch wenn wir die Koloraturübung mit dynamischen Akzenten versehen, so ist sie doch in einer Arie eine geistige und seelische Aussage, die nur im gesamten Ausdrucksablauf der Komposition zu bewältigen ist. Dasselbe geschieht beim Legato-Singen. Der Sänger kann noch so vollendet Töne spinnen, erst wenn er den belcanto anwendet, treten ganz andere d. h. höchste Anforderungen an ihn heran. Auch der vollendete Könner auf stimmlichem Gebiet kann versagen, wenn er zur Interpretation von Liedern oder Arien kommt. Er wird sängerisch vielleicht seine Aufgabe erfüllen, aber die geistige Bewältigung des Kunstwerkes ist oft unbefriedigend. Vielfach glauben junge Sänger, daß ein wirkliches Durchleben und Durchbluten des Kunstwerkes „romantisch" und unserer Zeit wesensfremd und abträglich sei. Diese Einstellung entspringt einer geistigen Trägheit. Der Erfolg zeigt, daß Künstler, die bei der Gestaltung über ein kluges, weites und aufgeschlossenes Herz verfügen, überzeugend wirken. Jedenfalls haben sie immer mehr Erfolg als die kühlen, mechanischen und motorischen Interpreten. Ein Virtuose im glänzenden, äußerlichen Erfassen des Kunstwerkes kann uns vielleicht sogar zu momentaner Bewunderung hinreißen, aber er kann uns nie erschüttern, er vermag niemals, uns die Tiefe eines Werkes aufzuschließen. Ebenso steht es mit dem sogenannten fleißigen jungen Künstler, der alles exakt bringt, was ihm vor Augen steht: seine Auftakte sind metronomisch genau, das crescendo ist abgezirkelt, das sforzato ist klar, und doch atmet alles nur schülerhafte Langeweile. Der lebendige, eigenerlebte, pulsierende Strom ist tot und deshalb lebt auch das Kunstwerk nicht.

Was bedeutet Werktreue? Die Musik muß so zum Erklingen gebracht werden, wie ihr Schöpfer sie schuf. Das Notenbild, das wir vor uns haben, beginnt erst zu leben, wenn wir das gestalten, was hinter den Noten steht.

Der Weg vom Handwerk zur Kunst verlangt vom Interpreten, daß er versuchen muß, sich mit den geistigen und ethischen Qualitäten des Schöpfers zu identifizieren. Jede Wiedergabe eines Werkes steht und fällt mit der Persönlichkeit des Wiedergebenden. Große Persönlichkeiten können das Werk zum höchsten Leben steigern, dagegen werden unfähige und empfindungsarme Interpreten es oft zur Unkenntlichkeit herabwürdigen. Es ist schwer, vom handwerklichen Singen zur künstlerischen Textgestaltung vorzudringen. Meist spielen hier psychologische Fragen mit. Hat der Schüler eben noch trainingsmäßig ausgeglichen und entspannt gesungen, war seine Beweglichkeit während der Übung noch voller motorischer Freude, so steht er, besonders wenn er ein sensibler künstlerischer Typ ist, sehr oft plötzlich gehemmt vor der Aufgabe, nun eine persönliche Aussage machen zu müssen. Nicht etwa ein Hinweis darauf ist notwendig, daß er eine persönliche Aussage machen müsse. Der Sänger fühlt, daß hier noch völlig neue Dinge dazukommen, und eben das irritiert ihn zunächst einmal völlig. Weil Singen vom Seelischen abhängt, treten oft eigenartige Hemmungen auf, die überwunden werden müssen. Im Ablauf des Kunstwerkes werden immer neue, ausdrückliche Anforderungen gestellt, die in den technischen Übungen niemals vorkommen können. Man kann ja nicht Schmerz, Verzweiflung, Freude, Erwartung, Abschied und Entsagung in technische Übungen einbauen, denn sie würden niemals echt und wahrhaftig sein, so wie sie im Kunstwerk an uns herantreten. Man kann Artikulation, Ansatz, Atem, Mischtöne und noch vieles mehr in der Technik üben. Aber um die Stimme zu einem willfährigen Instrument zu machen, um alle seelischen Stimmungen in Töne zu spiegeln, dazu gehört, daß der Sänger ein tief empfindender Mensch sei. Alles kann man einem Menschen mitgeben. Man muß anregen, Vision und Phantasie schulen, aber niemals kann man dem ein Herz geben, der keines besitzt.

Eine der wichtigsten Aufgaben des Lehrers ist es, die Musizierlust im Schüler niemals ersticken zu lassen, sondern im Gegenteil alles dazu zu tun, um die Freude an der Musik zum eigenen Erlebnis werden zu lassen. Man muß als Pädagoge wissen, daß in der Jugend die Musizierlust sich vor allem mit der eigenen Aussage identifiziert. Seinen Schmerz, sein Temperament, sein Auseinandersetzen mit den Problemen des Lebens, seine glühende Lebensfreude will er in Tönen, im Rhythmus aussprechen. Hier erhebt sich der junge Mensch über den Alltag, hier fühlt er, daß er eigene Kräfte zu entwickeln hat. Erst nach Jahren der musikalischen Erfahrung, dem Erfassen der Werke und der Offenbarung dessen, was uns die Schöpfer in der Inspiration ihrer Werke geschenkt haben, wird der Wunsch immer stärker und dringender, sein Ich in den Dienst des Komponisten und seines Werkes zu stellen. Erst dann sind wir Künstler geworden. Aber nie darf das Ich-Bewußtsein aus unserem Musizieren weichen. Wir können nur Bach, Beethoven und allen anderen Großen dienen, wenn ihre Werke in ihrem Geist von unserem Blut, unserem Geist und unserer Seele durchpulst sind. Je bedeutender der Interpret als Mensch und Künstler ist, desto mehr enthüllt er den wahren Gehalt an Schönheit und Tiefe im Kunstwerk. Es bedarf eben der eigenen Größe, um Größe zu gestalten, und man muß Zartheit und Feinheit in sich haben, um Zartheit wiedergeben zu können. Diejenigen Interpreten, die glauben, es genüge zur Wiedergabe das genaue Bild, das, was vor ihren Augen steht, und nicht mehr, sind trockene arme Stümper. Sie haben nichts vom Künstler in sich. Der echte Künstler scheut nicht die Auseinandersetzung mit dem Werk. Er kämpft um das Ganze, bis es zum Leben erweckt ist. Der Interpret hat den umgekehrten Weg wie der Schöpfer zu gehen. Der Komponist hat das Ganze in seinem

Inneren vor sich und wie ein roter Faden steht diese Leitidee immer vor seinem Inneren, bis er sie aus den vielen Einzelheiten verwirklicht sieht. Der Interpret hingegen muß sich erst mit den vielen Einzelheiten des Werkes auseinandersetzen, um dann immer klarer und unverlierbarer das Ganze zu erkennen und aus demselben den großen Bogen über das Kunstwerk zu spannen.

Meist sind die jungen Sänger-Schüler überrascht, wenn sie feststellen müssen, wie schwer es ist, auch nur eine Phrase fließend, spinnend und schattiert zu singen. Und über einer ganzen Arie Spannung zu halten, ist schon ein kleines Meisterstück. Phrase für Phrase muß man sich erarbeiten, bis die innere Klangvorstellung annähernd erreicht wird. Auch in der größten Vollkommenheit wird bei einem großen Künstler die Idealvorstellung ein Traumbild bleiben. Mit dem verfeinerten Ohr vervollkommnet sich auch ständig die Klangvision. Man bleibt eben immer ein Werdender, weil sich uns der Gipfel entzieht, indem immer neue Spitzen auftauchen. Ein junger Mensch weiß das nicht. Es ist eine Erfahrung, die das künstlerische Leben lehrt, allerdings nur, wenn wir ständig fortschreiten. Im Grunde geht es uns ja genauso mit jeder geistigen Erfahrung. Je tiefer wir in den Geist eindringen, desto unruhiger wird unser Herz! Allerdings erfaßt uns jene Unruhe, die zur schöpferischen Aktivität aufrührt und als Gewinn aus dieser geistigen Arbeit Gelassenheit und Ruhe beschert.

12. Interpretation und Phrasierung

Das Beste in der Musik steht nicht in den Noten.
GUSTAV MAHLER

Im April 1957 las ich in einem Artikel „Aus der Werkstatt der elektronischen Musik“ folgende Ausführung über Interpretation auf dem Podium: „Wenn man sagt, der Künstler musiziere auf dem Konzertpodium, so hat das etwa den Wahrheitsgehalt der Feststellung, der Olympiasportler habe seine Goldmedaille in Ausübung privater Erbauungsgymnastik gewonnen. Was er in Wahrheit musiziert, ist ein tausendfach Eingeübtes, aus ungezählten Proben Zusammengesetztes, Ergebnis eines eingeölten, erstaunlich gleichförmigen Mechanismus, fast einer isolierten maschinellen Prozedur, die in der einübenden Exaktheit etwa einer langwierigen, elektronischen Synchronisation um vieles nähersteht als dem selbstgenügsamen Musikantentum.“

Wer mein Buch bis hierher gelesen hat, dem brauche ich gar nicht zu sagen, daß hier 100 % am Wesen des Künstlerischen und der Musik vorbeigedacht wurde. Wer so musiziert, beweist, daß er kein Künstler ist. Er ist nichts als ein sehr fleißiger, aber armer Techniker, der sich einen völlig falschen Beruf erwählt hat.

Bei echten Künstlern ist es anders. Immer sind sie neu ergriffen von der Schönheit und Tiefe des Werkes. Und immer werden sie durch die wachsende Vertrautheit mit dem Werk inspiriert, es neu und einmalig zu gestalten. Nur dann allerdings ist Musik nicht „museal", auch ein Schlagwort, das erst heute erfunden werden konnte. Museale Musik gibt es nur dann, wenn langweilig und stümperhaft musiziert wird. Sie ist dann eben tot.

Ist etwa der Isenheimer Altar museal? Wenn ich vor diesem herrlichen Werk stehe, sinken Jahrhunderte zusammen, und lebendig atmet mich das Kunstwerk an, das in seiner Visionskraft einprägsamer und moderner gar nicht denkbar ist. Und vertiefe ich mich in die Werke Monteverdis und seiner Zeit und erwecke das Notenbild wieder zu jenem Leben, welches die Meister ihnen eingehaucht hatten, dann erlebe ich sie in ihrer überwältigenden Größe als Schöpfungen ebenbürtig den modernen Meisterwerken. Allerdings muß ich hinzufügen, daß das Ringen um ein Kunstwerk, seinen Stil, seine innere Beschaffenheit nur zu einem vollen Erfolg führen kann, wenn der Musiker sich innerlich mit der Musik verwandt fühlt. Hat man keine innerliche Beziehung zum Werk, so soll man es nicht wiedergeben. Man übt sonst Verrat am Komponisten und seinen Schöpfungen.

Einige Worte möchte ich über die Routine sagen. Routine ist der Todfeind jeder echten Kunst. Der Interpret muß sich dagegen schützen, wie vor einer Infektionskrankheit. Nehmen wir an: ein Sänger müßte einen Liederabend oder eine Partie unzählige Male wiederholen, er beherrsche sie „wie im Schlaf" und technisch gebe es für ihn kein Problem. Wie schnell kann dann die Ausführung im Ausdruck zu einer Manier führen! Wie deprimierend wirkt es auf den sensiblen Hörer, wenn er spürt, daß der Künstler auf dem Podium nur noch marionettenhaft ein vielfach Wiederholtes wiedergibt. Manier und Routine sind Zeichen von geistiger und seelischer Armut und Trägheit. Imitation der eigenen Möglichkeiten ist nur erlaubt, wenn wir krank und sehr schlecht disponiert auf das Podium müssen. Es darf sonst nur eine seelisch wache Einstellung seiner eigenen Leistung gegenüber geben und die Verpflichtung, das Kunstwerk zum Leben zu erwecken. Auch wenn wir eine Partie oder ein Lied oder ein Oratorium 40 oder 50 Mal gesungen haben, kann uns beim 51. Mal plötzlich eine Stelle, eine Modulation, eine Steigerung, ein Übergang neue Erkenntnisse bringen. Ich weiß nicht, wie oft Furtwängler die c-Moll-Sinfonie von Beethoven dirigiert hat. Im April 1954 hörte ich sie von ihm zum letzten Male dirigiert. Sie war von solch einer durchgeistigten Intensität, von so großartigem Aufbau und einer durchsichtigen Klarheit, so hinreißend musiziert, daß ich sie bis an mein Lebensende als eins der großen unvergeßlichen Musikerlebnisse in meinem Inneren bewahre.

Wir Sänger neigen dazu, anfänglich alle Musik als Melodie mit Begleitung anzusehen. Wir haben unsere Stimme; Orchester und Klavier haben sich, so denken wir, der stimmlichen Führung nur einzufügen! Durch das Studium Bachscher Werke wird der Sänger langsam dazu geführt, allen Stimmen Bedeutung beizumessen, und er lernt die Musik in der Ganzheit empfinden. Der Sänger muß unbedingt dahinterkommen, den Gesamtablauf des Werkes mitzuempfinden. Das Vorspiel zur Arie und zum Lied gehört mit zur sängerischen Gestaltung, genauso wie das Nachspiel. Pianist und Sänger müssen bei der Liedinterpretation eine Einheit sein. Der Pianist muß mit dem Sänger mitatmen, jedoch der Sänger muß die Stimmung der Einführung, das Tempo, die Spannung aufnehmen und weiterführen. Wie unmusikalisch sind oft Einsätze der Sänger, wenn der Begleiter mit den einleitenden Akkorden die Atmosphäre des Liedes gegeben hat, der Sänger aber unkonzentriert und mit einem Sforzato erschreckt einsetzt und auf diese Weise die Stimmung verdirbt. Am Anfang und am Schluß einer Arie oder eines Liedes kann man oft die Musikalität des Interpreten erkennen.

Jene Sänger bringen sich um große Wirkungen, die beim Vortrag einer Arie oder eines Liedes Schlußwirkungen bei jedem Absatz anbringen. Sie zeigen damit, daß sie das Ganze nicht erfaßt haben. Natürlich muß der Schluß gut vorbereitet werden, und jeder Hörer muß fühlen, hier und nicht anders ist es zu Ende. Alle großen Interpreten wußten immer Schlüsse mit zwingender Endwirkung zu gestalten, indem sie die stetig ansteigende Spannung zur erlösenden Entspannung hinführten.

Dem Sänger muß gezeigt werden, daß die Phrasierung niemals in kleine Bögen zerfallen darf, sondern daß er ständig das Gesamtwerk bedenken muß. Die Linie darf also beim Singen nie so  wirken, sondern so , sie muß im weitgespannten Bogen zu hören sein. Wichtig bleibt immer, daß sich der große Bogen über das ganze Kunstwerk spannt. Wir können nicht ein Lied oder eine Arie aus einzelnen Phrasenstücken zusammenbauen, auch wenn wir sie anfangs aus Teilstücken studieren müssen. Haben wir uns das Werk technisch und musikalisch zu eigen gemacht, so müssen wir Tempo, Stimmung und Steigerung immer wieder im Gesamtablauf überprüfen, um dem Werk die Spannung zu geben, die es fordert.

Jede Neueinstudierung ist ein Abenteuer. Mit innerer Spannung und leichter Erregtheit nimmt man die Noten zur Hand. Der erste Blick gilt meist der Tonart und der Tempobezeichnung. Ist z. B. als Tempo vorgeschrieben: „langsam mit großem Ausdruck“, so passe ich mich bereits beim Textlesen unbewußt diesem Tempo an. Langsam lese ich die Worte und mit den Worten vollzieht sich schon die Wandlung. Der Dichter hat mich ergriffen und versetzt mich in seine Stimmung. Während ich halblaut für mich lese, erfaßt mich schon ein unaufhaltbarer Eifer, mit der Frage: wie wird es klingen? Und ehe ich auch nur einen Ton gesungen habe, hat mich die Welt der Musik ergriffen. Sie erfaßt mich und läßt mich nicht mehr los, und meine innere Klangwelt fängt an zu arbeiten. Sie leitet mich an: so muß es klingen, hier muß ich steigern, alles hergeben, und diese wunderbare Modulation, ich muß sie mit Zartheit herausheben, und dieser Akkord, wie zeigt er den Schmerz an. Das Herz schlägt schneller, und ich lebe jetzt im Werk. Lange kann ich mich schweigend in die Partitur versenken, in mich hineinhorchen, so hat es der Komponist gedacht und gehört.

Das ist die erste beglückende Begegnung mit dem Kunstwerk. Dabei bleibt es leider nicht; denn nun beginnt die große Arbeit, das Werk der inneren Vorstellung langsam anzupassen. Zuerst lernt man es musikalisch und rhythmisch beherrschen. Dann beginnt die Ausarbeitung des Inhaltes. Vorhandene Ausdruckszeichen des Komponisten müssen beachtet werden, um das Werk in seinem Sinn zu gestalten. Immer und immer wieder wird man versuchen, das Werk besser, schöner und wahrer zu formen, bis man überzeugt ist, daß es lebendig, echt und natürlich in uns gewachsen und gereift ist. Nach der intensiven Kleinarbeit läßt man ein neu studiertes Werk am besten einige Zeit lang ruhen. Eines Tages hat sich dann alles harmonisch ineinander gefügt und ist fester Besitz geworden.

Doch ehe ein junger Sänger ein Kunstwerk so übersieht, muß er erst viele Ernten in seinen Scheuern sammeln und sich mit dem Erwerb vieler Erkenntnisse herumschlagen. Langsam muß er lernen, die Gesetze der Musik beim Anhören zu erfassen. Nur durch stetes Üben und durch Auseinandersetzen mit den vielseitigen Problemen der musikalischen Darstellung erwirbt er die nötige Erfahrung. Im Laufe der Zeit muß er ein ganz sicheres Gefühl für das Tempo bekommen. Über das richtige Tempo läßt sich streiten. Es wird bei demselben Werk nicht immer gleichbleiben. Von Brahms wird berichtet: als ihn der Verleger um Metronomzahlen für seine Intermezzi bat, soll er unwirsch geantwortet haben: „Glauben Sie, ich sei ein solcher Trottel, daß ich jeden Tag gleich spiele!!“

Nun, wir wollen auch keine „Trottel“ sein. Bestimmt singen wir nicht immer im selben Tempo. Ich glaube beobachtet zu haben, daß junge Sänger mehr zum Verschleppen neigen, als zum Flüssig-Singen. Meist liegt es daran, daß sie noch technische Schwierigkeiten zu überwinden haben und daher für die Klarheit der Linie mehr Zeit brauchen, als wenn sie später mit leichter Kehle zeichnen können. So wird es also das erste Gebot sein, das richtige Tempo zu suchen und es auch für das Stück durchzuhalten, außer wenn der Komponist Tempoveränderungen vorschreibt. Eigenmächtig rubati, accelerandi und große ritardandi anzuwenden, verändert den Sinn des Werkes. Dort aber, wo der Komponist es fordert, müssen Tempoänderungen so einstudiert werden, daß sie sich harmonisch ohne Bruch einfügen. Jedes crescendo muß erlebt, jedes piano muß erfühlt sein, sonst wirkt es aufgesetzt und unnatürlich. Hat man Musikstücke mit Koloraturen zu singen, so muß das Tempo so angelegt sein, daß die Koloraturen im selben Tempo genommen klar und perlend gezeichnet klingen und sich auf keinen Fall verlangsamen, wenn es nicht ausdrücklich bedingt ist. Sehen wir uns einmal die Arie aus dem „Messias" „Erwach, zu Liedern der Wonne" an. Wenn die Sängerin im raschen Tempo beginnt und dann die langen Koloraturbögen verlangsamt, ist die jauchzende Fülle dahin. Bei dieser Arie ist es auch notwendig, daß die jubelnde Aktivität von der Sängerin ausgeht, und nicht vom Dirigenten. Ein typisches Beispiel für die Notwendigkeit, Tempo zu halten, ist „Rastlose Liebe" von Schubert. Wer hier die Atemlosigkeit, das fortreißende Temperament der Begleitung hemmt, zeigt, daß er temperamentlos und unmusikalisch ist. Der Schluß muß ohne Verzögerung mit stetigem Crescendo, ohne zu atmen gestaltet werden.

Wichtig ist auch, daß man ein sicheres Gefühl dafür bekommt, wie langsam ein Largo oder ein Adagio und Andante zu sein hat. Hier hängt es vom Sänger ab, ob er über den nötigen strömenden und ruhigen Atem verfügt. Auf keinen Fall dürfen langsame Musikstücke spannungslos wirken. Der Fluß muß immer erhalten bleiben. Meist verlangen langsame Lieder und Arien große Ausdrucksbögen in vielerlei dynamischer Schattierung. Die seelische Ausdrucksfähigkeit braucht dann alle Möglichkeiten, sich zu erweisen. Denken wir an zwei Schubertlieder: „Erster Verlust" und „Wehmut". Auf je einer kurzen Seite Noten hat Schubert hier zwei Ausdrucksstücke von reichem Wechsel geschaffen, die vom Künstler, will er sie zum Leben erwecken, eine farbenreiche Palette fordern. Hier kann der Sänger sein künstlerisches Empfinden zeigen, wenn er in dem Liede „Erster Verlust" das Anfangsthema bei dessen Wiederkehr trauriger klingen läßt als am Anfang, obwohl das Tempo nicht verlangsamt werden darf, weil der Schlußgedanke in den letzten Takten der Klavierbegleitung liegt.

Sehr zu beachten sind Pausen und Fermaten. Bei jungen Sängern kann man oft beobachten, daß ihre Spannung nachläßt, wenn sie Pausen zu halten haben. Hier muß schon beim Textstudium die Erziehung beginnen. Die Spannung beginnt beim ersten Ton des Orchesters oder Klavieres. Pausen sind ja gedankliche Fortführungen der Stimmung. Zwischenspiele entwickeln weiter und der Sänger muß sie mitempfinden, um die Spannung zu halten. Denken wir an die Pause im letzten Vers des Liedes „Du bist die Ruh" von Schubert. Diese Pause kann man nicht metronomisch auszählen, sie muß empfunden sein. Noch wesentlicher ist dies bei Fermaten. Fermaten sind Unterbrechungen im rhythmischen Ablauf, die man nicht auszählen kann, weil jede Fermate ein anderes inneres Gesetz in sich trägt. Hier muß man empfinden und gestalten.

Die Einsätze dürfen nie abrupt wirken, sondern müssen als die Fortführung des musikalischen Gedankens erscheinen. Der Sänger darf sich nie von seinem Einsatz überrascht fühlen. Der Atem darf nicht plötzlich und hörbar genommen werden, sondern der Ton muß gleichsam aus dem Nichts erklingen, und die Phrase muß ruhig dahinfließen.

Viel Aufmerksamkeit muß selbstverständlich dem Rhythmus zugewendet werden. Viele Sänger haben kein ausgesprochen rhythmisches Gefühl; oft ist es einfach nicht entwickelt worden. Im Anfang liegt das rhythmische Versagen meist darin, daß der Sänger zu stark abgelenkt wird durch technische Probleme, so daß das Takthalten versäumt wird. Immer soll man versuchen, den Sängern rhythmische Schwächen abzugewöhnen, indem man sie den Rhythmus körperlich erfühlen lehrt. Er muß in Körper und Blut übergehen, um eine lebendige Wiedergabe zu ermöglichen.

Das Geheimnis des rhythmischen Musizierens liegt oft darin, daß man die Punktierung einer Note um eine Spur überdehnt. Man darf dies aber nie übertreiben und keine Verzerrungen verursachen, weil sonst das Gesetz des Rhythmus einen anderen Sinn erhält. Das ist eben höchste Erfordernis des echten Musizierens, daß man die Freiheit zu wahren versteht, ohne in Willkür zu verfallen.

Die Synkopen muß man lieben lernen. Niemals darf man sie als Feind betrachten, der das Leben des Sängers erschweren will. Sie unterbrechen und bereichern den rhythmischen Ablauf, indem sie das gleichmäßige Heben und Senken in etwas Schwebendes und Beunruhigendes umformen.

Hat ein junger Sänger mit der Erfassung des Rhythmus Schwierigkeiten, so soll er Bachkantaten studieren und sie im Anfang ganz präzise vom Takt her durchzählen und durcharbeiten. Meist hat der Sänger unklare Vorstellungen vom Verhältnis der Notenwerte zur punktierten Unterteilung. Hier muß das Zählen in kleinen Notenwerten erfolgen, bis sich die Vorstellungskraft gestärkt hat und bis der Sänger selber fühlt, wie sich eine Triole z. B. in einen $^4/_4$ Takt einfügt. Haben wir es nicht mit einer ausgesprochenen arhythmischen Veranlagung zu tun, so können nach einigen Monaten fleißiger Arbeit Schwächen auf diesem Gebiet überwunden werden. Bei dieser Arbeit muß der Lehrer jedoch unerbittlich sein. Er darf keine Schwächen durchgehen lassen, weil sich sonst der junge Künstler an Schlamperei gewöhnt.

Ein Wort auch noch zur Gestaltung von Auftakten. Wer viel Bach, Händel und Mozart singt, sollte sich gute Kammermusik anhören, weil wir Sänger von den Instumentalisten am besten ein leichtes und elegantes Spiel der Auftakte erlernen können. Der Sänger kann vom Kammermusiker alle Feinheiten der Phrasierung lernen. Sinnvolle Betonung, Tempowechsel, besonders ritardandi bei Modulationen und bei bestimmten Koloraturen Mozarts und Haydns; der Wechsel vom crescendo zu einem subito piano ohne Bruch muß atemtechnisch beherrscht und musikalisch begriffen werden, wenn er schwerelos und stilgerecht ausgeführt werden soll.

Ich habe an einigen wenigen Beispielen versucht zu zeigen, welche Aufgabe den Sänger erwartet, wenn er in ein Werk geistig einzudringen versucht. Erst hier geschieht die Wandlung vom Sänger zum Künstler. Nun erst kann er zeigen, daß er sein handwerkliches Können in den Dienst der Muse zu stellen vermag, um das Kunstwerk aus dem Geist und aus der Seele zu formen. „Eine Laufbahn ist nichts, Kunst ist alles! Und jeder, dem das Geschick ein köstliches Gut, der Kunst zu dienen, anvertraut hat, vermag alles zu erreichen durch ein uraltes, nie versagendes Mittel: Arbeit ohne Ende.“ (Sigrid Onégin)

13. Programmgestaltung und Stil

Wenn eine Forderung vornehmlich an Programme gestellt werden soll, so kann es nur die sein, der lebendigen großen Musik, sei sie alt oder neu, den Platz einzuräumen, der ihr zukommt, sie im Bewußtsein der Menschen zu erhalten, zu festigen.

Wilhelm Furtwängler

Ist eine musikalische Programmgestaltung der Mode oder dem Zeitgeist unterworfen? Es wäre eine interessante Studie, die Programme berühmter Sänger in den letzten hundert Jahren in dieser Hinsicht zu erforschen. Eines würden wir sofort feststellen. Fast immer waren (und sind) die Programme berühmter Sängerinnen und Sänger auf sichere Publikumswirkung abgestimmt. Solche Programme sind meist nicht sonderlich interessant, weil sie ja nur eine Selbstdarstellung des Sängers bringen. Doch es gibt sie seit Jahrhunderten und wird sie geben, solange sängerische Lieblinge ihr Publikum finden. Ich entsinne mich an einen „Schaljapin-Galaabend“, für den man ein großes Programmbuch anbot. Je nach der Laune des Sängers wurde vor jedem Stück eine Nummer angesagt. Es begann dann ein eifriges Blättern und Rascheln im Programmbuch. Aus der Nummer ersah man, was Schaljapin singen werde.

Die Gegenseite dieser Art von Programmgestaltung ist die doktrinäre und rein musikgeschichtliche. Ein solches Programm liest sich ausgezeichnet, aber beim Hören ist es oft langweilig und schulmeisterhaft. Ein Konzertprogramm muß vom Hören aus aufgebaut werden. Die musikalische Lebendigkeit, die mit dem Ohr wahrnehmbare Ausstrahlung ist allein wesentlich. Von welchen Gesichtspunkten sollte also ein Sänger an sein Programm herangehen? Auf jeden Fall soll ein Sänger das zeigen, was er kann, und nicht Stücke singen, die er nicht beherrscht. Junge Sänger haben oft eine gewisse Vorliebe dazu, solche Stücke auszusuchen, die für sie noch problematisch sind. Sie glauben, wenn sie die schwersten Kompositionen ihres Faches darbieten, so werden sie von Publikum und Presse auf ihrem Fachgebiet besonders ernst genommen. Die jungen Sänger bemerken dabei selten, daß sie doch nur zeigen, wie schwer und mühsam sie diese Spitzenleistungen ihres Faches bewältigen. Die Zuhörer aber und besonders Kenner atmen nur erleichtert auf, wenn die Klippen gerade noch umschifft sind. Die Ursache dieser Erscheinung ist leicht zu finden. Der junge Künstler, der sich immer und immer wieder mit jenen Werken auseinandersetzt und sie dadurch so liebgewinnt, überschätzt die fortlaufenden Fortschritte und glaubt dann, daß er gerade dieses Stück gut darbietet. Es gehört schon sehr viel Intelligenz dazu, um zu erkennen, wo die eigenen Vorzüge und Grenzen der Stimme liegen. Noch mehr Instinkt braucht der Künstler, um zu erfassen, welche Lieder und welche Arien für das persönliche Timbre gedacht sind. Ein Sänger, dem jeglicher spritzige Humor fehlt, wäre schlecht beraten, wenn sein Programm besonders diese Note herausstellte. Eintönig wäre aber sein Programm, wenn er nun nur ernste und getragene Stücke vortragen würde. Hier zeichnet sich eine wichtige Richtlinie ab. In jedem Programm brauchen wir Gegensätze, um unser Konzert anziehend und lebendig zu gestalten. Ein solcher Gegensatz wäre es z. B., in einer Schubert-Gruppe nach dem „Ersten Verlust" (Goethe) die „Rastlose Liebe" (Goethe) zu singen. Nach dem schmerzlich wehmütigen langsamen Lied käme ein schneller, temperamentvoller Akzent, der außerdem auch noch eine geistige Verbindung zum ersten Gedanken schafft. So wie zwei Lieder in sich ausgewogen sein müssen, so muß die ganze Gruppe nicht literarisch, sondern musikalisch ein Profil in sich tragen. Nicht, daß wir etwa eine Goethegruppe zusammenstellen, weil die Worte Goethes schon verbindend sind, sondern wir wollen mit dieser Gruppe den Reichtum Schubertscher oder Wolfscher Tonwelt zeigen.

Die höchste und schwierigste Form der Programmgestaltung ergibt sich, wenn man einem Dichter oder Komponisten einen ganzen Abend widmen will. Dies kann sich in der Regel nur ein Künstler leisten, der auf dem Gebiet der Liedkunst ein hervorragender Kammermusiker ist. Die Gestaltung eines solchen Programmes erfordert eine unerhört feine Differenzierungskunst und eine große Ausdrucksfähigkeit, außerdem ein tiefes geistiges Eindringen in die Welt des Dichters und des Komponisten. „Grenzen der Menschheit" mit Goetheschem Wesen zu erfüllen, ist nur sehr wenigen gegeben. Hier sollte jeder Künstler lieber zehnmal wägen, ehe er einmal gibt. Junge Menschen müssen Ehrfucht lernen vor bestimmten einmaligen Kunstwerken. Ich stehe aber trotzdem nicht auf dem Standpunkt, daß nur alte Pianisten späte Sonaten von Beethoven spielen dürften! Bei all diesen Fragen ist allein maßgebend, ob der Künstler das geistige Format besitzt, intuitiv die musikalischen Gedanken auszudrücken und mit Leben zu erfüllen. Yehudi Menuhin hat als Kind Bach, Beethoven und Brahms so interpretiert, als wenn er eine seelische Erfahrung von Jahrzehnten hätte. Es kommt also nicht auf das Alter an, sondern auf die Erlebnisfähigkeit. Die Jugend fühlt ja meist die Gefühlsemotionen viel lebendiger, echter, stärker als das Alter. Es ist eine besondere Aufgabe des Künstlers, sich seine innere Wahrhaftigkeit und die volle Erlebnisfähigkeit zu bewahren, geistig zu klären und zur Reife zu bringen. Die Wandlungsfähigkeit des reifen Menschen soll bis zum letzten Atemzug erhalten bleiben, nur das Blickfeld erhöht und erweitert sich. Jungsein ist kein Attribut der Jugend, sondern eine Erkenntnis den letzten Dingen des Lebens gegenüber. Es gibt 19jährige, die Greise sind, und 80jährige, die das Wesen des ewig Jugendlichen, des weiter Wachsens und Forschens in sich bewahrt haben. Jugend bedeutet ein stetiges Aufgeschlossensein für Neues und Schönes, Hohes und Wahres. Erst wenn der Mensch verlernt hat, sich zu wundern und zu staunen über die Vielfalt und Schönheit unserer Erde, wenn er nicht mehr an diese Fähigkeiten des menschlichen Herzens glaubt, wenn er seinen Idealismus eingebüßt hat um der Nützlichkeit willen, dann ist er steril, alt und zum Künstler untauglich. Immer wieder muß man in heutiger Zeit darauf hinweisen, daß zur Kunst ein ganzer Mensch gehört. Wir haben viele gute Virtuosen, aber sehr wenig Künstler.

Doch kehren wir zur Programmgestaltung zurück. Klar muß der Künstler erkennen, wie der Ablauf der Gruppen von Liedern und Arien sein muß, ohne daß die eine Gruppe von der anderen musikalisch erdrückt wird. Haydn-Lieder und Canzonetten etwa soll man nicht hinter Strauß oder Brahmsliedern singen. Der Musiker braucht ein feines Stilgefühl, um sein Programm wirkungsvoll aufzubauen. Die Einsicht und Einfühlung in die verschiedenen Stilepochen der Musik muß stetig im Unterricht entwickelt werden. Ein guter Musiker wird sich Erfahrung des Musizierens im Laufe der Zeit und ein feines Gefühl für die Verschiedenheit der Stile aneignen.

Dem Schüler kann man an kleinen Beispielen den Stilwandel nahebringen. Betrachten wir einmal Mozarts „Abendempfindung“ und Brahms' „Mainacht“. Aus der Schilderung der Tränen können wir in diesen beiden Liedern den Zeiten- und Stilwandel gut beobachten. Bei Mozart tropft in zarter Empfindung leicht und leise eine einzelne Träne. Bei Brahms rauscht bei der einsamen Träne ein kosmischer Strom hernieder. Jedes Lied ist ein Meisterwerk, aber die „Mainacht“ muß *nach* Mozarts „Abendempfindung“ gesungen werden. Die Zartheit der „Abendempfindung“ wäre ohne Wirkung nach der großen pathetischen Ausdrucksbewegung und der dichten Klavierbegleitung der „Mainacht“. Es würde ja auch keinem Menschen einfallen, neben eine Silberstiftzeichnung von Dürer oder Holbein einen van Gogh zu hängen.

Ein heißes Eisen ist heute die Interpretation der Werke von J. S. Bach. Die Aufführung seiner Werke im Stile der Zeit hat leider mehr zu einer unlebendigen, starren mechanischen Form geführt, anstatt uns das Werk

J. S. Bachs lebendig nahe zu bringen. Die alten Instrumente waren nur für kleine intime Räume gedacht. In unseren großen Konzertsälen klingen sie dürftig, blutleer und nichts weniger als überzeugend. Leider sucht man aus der Aufführungspraxis in der Originalbesetzung eine Weltanschauung abzuleiten. Mit der Welt der Musik hat diese aber nichts gemeinsam. Oft wenn Musikgelehrte sich der lebendigen Kunst annehmen, erstarrt sie und entzieht sich dem warmen Leben. Dabei wird auch der Begriff „Romantik" sehr oft mißverstanden. Die Bemühungen der Zwanzigerjahre (Neue Sachlichkeit), Bach von Gefühlsüberschwang zu befreien, schoß weit über das Ziel hinaus und führte zur Verarmung. Johann Sebastian Bach ist eine so große, umfassende einmalige Erscheinung, daß jedes Jahrhundert um seinen lebendigen Besitz neu zu kämpfen hat. Die Interpretation Bachs ist ein Generationsproblem.

Die Auseinandersetzung mit dem Werke von J. S. Bach steht erst am Anfang. Allerdings, man sollte denken, gerade unser Jahrhundert müßte der Musik Bachs innerlich verwandt sein. Die Welt des Schmerzes und des Leidens ist bei Bach so intensiv, so echt und wahrhaftig, vergeistigt und geläutert gestaltet, daß jeder, der das Leid unseres Jahrhunderts mitleidet, in der Musik J. S. Bachs Trost und Stärkung empfängt. Man spricht von objektiver Bacheinstellung. Gibt es das überhaupt? Ist es nicht ein Ausweichen in eine Schablone, in eine Manier? Kann es vom Sänger eine objektive Darstellung des Rezitatives aus der Matthäuspassion: „Ach Golgatha" geben? Wenn das Rezitativ erklingt: „Das gehet meiner Seele nah, ach Golgatha, unseeliges Golgatha" muß ein Hauch von Ewigkeit durch den Raum gehen, eine stille Ahnung der Mit-Leidensfähigkeit, die leise Schwingung der fühlenden Seele mit dem Leid aller Kreatur und mit dem Schmerz. Denn immer wieder fügen Menschen dem unschuldigen Mitmenschen Leid zu. Welcher geniale Einfall, nach dem Ausruf „Ach Golgatha" in der Septime mit der kühnen Frage des Tritonus zu enden! Die Phrase „Das gehet meiner Seele nah" muß im äußersten Pianissimo gesungen werden.

Wir haben uns heute bei der Programmgestaltung vom sogenannten „Leipziger Allerlei" der Programme abgewendet. Lieder und Arien werden kaum noch auf *ein* Programm gesetzt. Unser Geschmack hat sich darin verfeinert, weil wir Liedgesang als Kammermusik empfinden. Es käme auch kein Musiker auf die Idee, ein Streichquartett von Beethoven zwischen zwei Sinfonien einzubetten. Ein feinfühliger Musiker wird niemals den gröberen Pinselstrich einer Opern-Arie, die für sich gewiß ein geniales Werk sein kann, neben die kleine und subtile Form eines Liedes stellen. Dem Liede würde Abbruch getan zugunsten der Arie. Etwas anderes ist es, wenn wir mit alten Meistern beginnen, mit alten Italienern, mit Purcell, Händel oder Gluck. Der Weg von Händel oder Gluck zu Liedern von Schubert: „Fragment aus dem Äschylos" oder „Gruppe aus dem Tartarus", „Am Grabe Anselmos", erleidet keinen musikalischen Riß, sondern er ist sehr schöne Vorbereitung zu Schuberts großen durchkomponierten Liedern.

Der kluge Sänger mischt in seinen Programmen bekannte und unbekannte Lieder. Nimmt er nur unbekannte, weiß jeder, der die Psychologie des Konzertpublikums beobachtet hat, daß eine Erwärmung der Hörer nur schwer zu erreichen ist. Erst nach einem bekannten Lied, wenn es gut gesungen wurde, hat der Künstler den Saal auf seiner Seite. Er wird also in feiner Dosierung Unbekanntes neben Liebgewordenes, Altvertrautes setzen.

Dem Liedschaffen Gustav Mahlers sind wir durch die langjährige Ignoranz seinem Werk gegenüber besonders verpflichtet. Der Reichtum seines Liedschaffens und das sich Hineinversenken in seine Welt bringt uns Freude und Bereicherung. Vergessen wir auch nicht die schönen Lieder von Max Reger. Auch der Urmusikant Dvořak gehört in die Gruppe der Liedkomponisten. Und immer wieder Richard Strauß! Kaum einer hat so schön für die menschliche Stimme komponiert wie er. Schließlich ist es die selbstverständliche Aufgabe eines jeden Musikers, auch des Sängers, sich mit dem Tonschaffen der Zeitgenossen auseinanderzusetzen und sie bekannt zu machen. Ich möchte hier ausdrücklich betonen, daß zum Studium moderner Komponisten meist ein außerordentliches technisches Können benötigt wird. Eine Phrase aus Sprüngen muß weit mehr gebunden werden, als eine melodische Linie mit kleinen Intervallen. Erst dann, wenn ein Sänger die Belcanto-Technik auf die moderne Komposition anwendet, klingen die Phrasen nicht abgerissen und unmotiviert. In diesem Sinne beispielhafte moderne Interpreten sind Peter Pears und Gérard Souzay. Obwohl die hohe Zeit des romantischen Liedes vorüber ist und gewiß in der Gegenwart mehr Instrumentalwerke als Sololieder geschaffen werden, findet der aufmerksame Sänger doch noch genug Zeugnisse für das Lied in der Gegenwart. Ich weise auf einige sehr schöne moderne Kompositionen hin, die jedes Programm bereichern und interessant gestalten: Die frühen Lieder von Alban Berg, das Marienleben von Paul Hindemith, Hölderlin- und Michelangelo-Gesänge und die Volksmelodien von Benjamin Britten, die Gesänge aus „Jedermann" von Frank Martin, François Poulenc mit Airs chantés, Bela Bartok mit 5 Liedern op. 16, ungarische Volkslieder, Dorfszenen, André Jolivet mit Poèmes intimes, Solosopranmesse, Leos Janačeks Slavische Messe für 4 Soli, Chor und Orchester.

Jeder intelligente Sänger sollte es sich zur Aufgabe machen, moderne Lieder so vollendet und schön zu singen, daß es die Hörer gar nicht merken, wie neuartig die Klänge sind, sondern daß sie die Werke als eindeutig und selbstverständlich empfinden. Allerdings muß auch der Komponist über das sängerische Instrument, seinen Umfang und seine

Leistungsfähigkeit genau Bescheid wissen, denn jede Überforderung gefährdet die menschliche Stimme.

Die Zugaben zum Programm sollen mit Sorgfalt und Geschmack ausgewählt werden. Möglichst sollte man nicht Lieder, die schon auf dem Programm standen, wiederholen. Meist geraten sie das zweite Mal nicht so gut, und die Liedliteratur ist reich genug, um neue kleine Überraschungen bereit zu haben, die dem Programm eine weitere reizvolle Note hinzufügen. Die Zugaben dürfen grundsätzlich nicht aus dem Rahmen des Programms herausfallen. Dietrich Fischer-Dieskau und Gérard Souzay, die zu den größten Liedersängern gehören, sind auch Meister der Zugaben. Und wenn sie dann wirklich den Abend beschließen mußten und sich mit einem humorvollen feinen Lied verabschiedeten, haben sie uns sicher auch noch einen originellen passenden Schlußpunkt als Schlußpointe beschert.

Dies sind nur einige Anhaltspunkte, die den jungen Künstler erinnern sollen, nicht gedankenlos und nachlässig an die Gestaltung des Programmes heranzugehen. Gesetze und Normen gibt es nicht. Alles hängt von der Gestaltungsfähigkeit des Künstlers, von dessen Intelligenz und künstlerischem Instinkt ab.

In der Oper hat der Sänger im Laufe des Werkes eine seelische Linie zu entwickeln und darzustellen. Es mag eine stimmlich anstrengende Partie sein wie Isolde oder Leonore, doch ist die Sängerin immer in die dramatische Entwicklung eingespannt und durch ihr Spiel von ihrer Stimme in gewisser Weise abgelenkt. Bei einem Liederabend steht der Künstler einsam und allein am Flügel, dem ganzen Saale preisgegeben. Er muß einen unausgesetzten seelischen und stimmlichen Wandel vollziehen. Immer wechseln die inneren Bilder und Visionen. Jeder, der da oben stand und einen Liederabend zu singen hatte, weiß von der einmaligen Konzentration, die ein solcher Abend fordert. Doch wer mit seinem Herzen der Kammermusik verbunden ist, wird es als die beglückendste Aufgabe ansehen, Lieder zu singen.

14. Kann man die Leistung des Sängernachwuchses verbessern?

Das Leben würde sich nicht lohnen, wenn man nicht etwas Eigenes in sich trüge, das zur Ausbildung drängt.
GOETHE

Eine bestürzende Tatsache können wir feststellen. Rußland, bestimmt reich beschenkt und bedacht mit einem großen Reservoir an herrlichem Stimmaterial mit bedeutender musikalischer Begabung, hat zwar viele großartige Instrumentalisten, aber in den letzten Jahrzehnten keinen Sänger von Weltrang hervorgebracht. Wir haben in der letzten Zeit aus Rußland manches über die weitgespannte systematische Ausbildung des

Musikernachwuchses gehört, die in früher Jugend beginnt und durch Auslese bis zur Hochschule führt. Die Gesangsausbildung scheint in diesen Schulen eine untergeordnete Rolle zu spielen. Dies ist wahrscheinlich eine Folge des Mangels an guten Gesangspädagogen.

Nicht anders steht es bei uns in Deutschland. Es wird zwar dem Gesangsunterricht sowohl auf den Hochschulen als auch von privater Seite ein breiter Raum eingeräumt. Eigene Beobachtungen und Urteile der Fachkräfte, die dem Musikbetrieb nahestehen, ergeben aber das besorgniserregende und traurige Urteil, daß das Resultat der Ausbildung den Anforderungen, die an junge Sänger gestellt werden müssen, nicht entspricht. In den „Konzerten junger Künstler", in denen wir einen bereits ausgewählten Teil des Nachwuchses kennenlernen, sind mit wenigen Ausnahmen die Sänger unzureichend ausgebildet.

Welches sind nun die Ursachen dieser Erscheinung? Auch wir hier in Deutschland haben ebenso wie die Russen bestimmt keinen Mangel an stimmlichen und musikalischen Begabungen. Es muß also das System der Ausbildung Lücken aufweisen. Diese Ansicht wird bekräftigt durch die Erscheinung, daß sehr viele junge Sänger lückenhafte Begriffe vom handwerklichen Können des Sängers mitbringen. Es kam zu wiederholten Malen vor, daß junge Sänger nach einer fünf-, sechs-, ja siebenjährigen Ausbildungszeit zu mir mit der Bitte um eine Stimmdiagnose kamen. In fast allen Fällen konnte ich diesen Sängern keine andere Auskunft geben als die, daß ihre rein handwerkliche Ausbildung so gut wie überhaupt nicht vorhanden sei. Ich bemerke dabei, daß es sich bei diesen Fällen wohl nicht um erstklassiges, aber immer um ausreichend gutes Stimmaterial handelte. Dieses ist einer der Hauptmängel. Der zweite festzustellende Mangel ist gewiß noch bedauerlicher. Es handelt sich in diesem Falle um meist junge, vorzügliche Naturbegabungen, die scheinbar bühnenreif aus dem Unterricht zur Praxis entlassen werden. Sie müssen ihr schönes Material in kurzer Zeit verschleißen, weil ihr Stimmapparat nicht durch eine genügend lange systematische Ausbildung derart widerstandsfähig gemacht wurde, daß er den Anforderungen des heutigen Bühnenbetriebes genügen könnte. Erinnern wir uns, daß die großen Sänger und Sängerinnen, sowohl der Vergangenheit wie der Jetztzeit, eine lange und solide Schule durchmachen mußten, um ihr Stimmaterial entsprechend zu festigen.

Es ist aber müßig, sich weiter über fehlerhafte und dilettantische Vorstellungen der Gesangsausbildung zu verbreitern. Viel wichtiger ist es, Überlegungen anzustellen, wie man diesen Zustand langsam und stetig verbessern kann. Wenn wir das Problem an der Wurzel fassen, so kommen wir zu dem Ergebnis, daß man zunächst dafür Sorge tragen muß, daß genügend fähige Gesangspädagogen sorgfältig ausgebildet und herangezogen werden. Gesangspädagogik muß als eigenes Fach an jeder Musikhochschule gelehrt werden. Die Privat-Musiklehrerprüfung darf nicht als lästiges und unwichtiges Anhängsel durch Zufallslehrkräfte mit und ohne Namen behandelt werden.

Der Gesangspädagoge muß für seinen Beruf speziell vorgebildet werden. Es müssen unter den Sängern geeignete Talente mit großer Intelligenz und pädagogischer Begabung gesucht werden, die in einer Spezialausbildung, die von wirklichen Stimmpädagogen ausgearbeitet werden muß, an den Hochschulen in einem gesonderten Lehrfach herangebildet werden. Der gute Stimmpädagoge braucht eine vierfache Anlage: Er muß 1. Pädagoge, 2. Sänger, 3. Künstler, 4. Wissenschaftler sein. Außerdem ist Voraussetzung, daß Liebe und Idealismus zu diesem Beruf mitgebracht werden. Wie ich schon wiederholt in diesem Buch betont habe, gehört Erfahrung und immer wieder Erfahrung zu diesem Beruf. Auf den Hochschulen muß schon das Rüstzeug zur praktischen Erfahrung mitgegeben werden. Da ich selber die staatlichen Prüfungen gemacht habe, weiß ich recht genau, wieweit die Vorbildung heute reicht. Sie ist unzureichend.

Die zukünftigen Stimmbildner müssen im Anhören von Stimmen und in der Stimmdiagnose unterrichtet werden. Sie müssen selbst technisch fehlerfrei singen können und ihren Muskelsinn entwickelt haben. Ihr Ohr muß für feinste Spannungen im Stimmapparat des Vorsingenden empfänglich sein. Außerdem müssen sie mehrere Semester unter der Aufsicht eines erfahrenen Stimmbildners Unterricht erteilen. Nur so können wir hoffen, etwas Ordnung und Erfahrung in den Aufbau und in die Entwicklung des Sängerstudiums zu bekommen. Es würden dann weniger Menschen unglücklich und verzweifelt sein, die sehr viel Kraft und Mühe, finanzielle Opfer und vergebliche Hoffnungen in ihren Beruf investiert und nur infolge des Mangels an Wissen und Erfahrung des Lehrers ihr Ziel nicht erreicht haben.

IV. SÄNGERISCHE UMWELT

1. Kritik von Laien und Fachleuten

> Gebet einer Sängerin:
> *Gib mir die Haut eines Elefanten,*
> *aber die Seele einer Nachtigall.*

Die schwersten Lasten der Kritik haben immer die Sänger und nicht die Instrumentalisten zu tragen. Wenn man in einer großen Stadt Kritiken über Gesangsleistungen durch viele Jahre hindurch verfolgt hat und mehrere Zeitungen beobachtet, die über ein und dieselbe Leistung schreiben, kann man mit großem Erstaunen feststellen, wie verschieden die Leistungen gewertet werden. Das Urteil über Gesangsstimmen ist der persönlichen Geschmacksrichtung des Kritikers unterworfen. Aber leider glaubt jeder, daß sein Geschmack allein maßgebend sei, so daß man oft kopfschüttelnd die Zeitung beiseite legt, weil man jede objektive Würdigung der stimmlichen und künstlerischen Leistung vermißt. In den zwanziger Jahren hatte die Kritik eine unheimliche Machtstellung. Sie konnte über Wohl und Wehe eines Sängers entscheiden. Auch manche Intendanten in Großstädten hatten eine solche Machtposition, die oft entscheidenden Einfluß auf die künstlerische Weiterentwicklung junger Sängerinnen hatte. Der Berliner Generalintendant von Hülsen konnte noch 1916 einer Sigrid Onégin androhen: „Wenn Sie einen Mißerfolg in Wien haben, ist's aus mit der Berliner Hofoper." Da die Wiener Kritik sich gegen Sigrid Onégin verschworen hatte, zerschlug sich der Berliner Vertrag, der dann allerdings später mit der erfolgreichen Künstlerin gerne nachgeholt wurde.

Ähnlich ist es noch heute. Man zittert vor dem Urteil der Presse. Da kann man dann mit Erstaunen feststellen, daß der eine Kritiker die Höhe glanzvoll, die Tiefe ohne Kraft fand, der andere die Höhe schwach, doch die Tiefe überzeugend und pastos, der dritte sagte, das schönste an der Stimme sei die Mittellage, der Nächste, die Sängerin sei ohne jede Begabung und besitze keine Stimmittel. Zum Ende kommt dann doch noch einer, der hier eine Stimme und eine Persönlichkeit feststellt, die wir nicht so bald vergessen werden. Alles über *einen* Abend! Was soll der arme Sänger glauben?

Kaum finden wir bei Kritiken über Instrumentalisten ein solches Auseinanderklaffen der Meinungen. Wie sehr sich Kritiker über Stimmen irren können, lesen wir in Slezaks „Sämtlichen Werken" in folgender Kritik der „Vossischen Zeitung" von einem Lohengrin-Gastspiel an der Hofoper in Berlin: „Als Lohengrin versuchte sich gestern ein Herr Slezak aus Brünn. Der Versuch mißlang. Herr Slezak sieht aus wie ein junges Mädchen und singt wie ein alter Mann. Es zittert und bebt alles. Seine Stimme scheint ursprünglich ein schwächlicher Bariton gewesen zu sein, der dann zum Tenor in die Höhe getrieben wurde. Die erstrebte Höhe hat sich nun zwar nicht erreichen lassen, hingegen ist die Mittellage dabei vollkommen verblaßt, und so befindet sich der Sänger in der bedauerlichen Lage, weder oben noch in der Mitte und Tiefe gesunde kräftige Töne zu besitzen. Mit solchen Mitteln läßt sich kein Lohengrin singen, selbst wenn man rein intoniert, was der Gast meistens auch versäumte."

Es besteht ein sehr ernster Grund, warum ich diese Kritik hier wiedergab. Der Kritiker sollte, wenn er es mit seinem Beruf ernst meint, Freund des Künstlers sein. Freund sein bedeutet nicht etwa, daß man schmeichelt und nur positive Dinge schreibt. Echte Freundschaft hat die Verantwortung für den Freund zu tragen. Das ist oft recht schwierig und auch mühsam. Die Kritik über Slezak aber zeigt nichts als die Eitelkeit des

Kritikers. Der Satz über das Aussehen des Künstlers „wie ein junges Mädchen und singen wie ein alter Mann", ist ausgesprochen gehässig. Es traf gottlob einen Menschen, der über genug Selbstvertrauen verfügte. Doch welch unermeßlichen seelischen Schaden kann eine solche Kritik bei weniger selbstsicheren Sängern anrichten! Soll eine Kritik fruchtbar und fördernd wirken, dann muß das Negative mit Güte und Wohlwollen gesagt werden. Der Künstler soll angeregt werden, über seine Fehler und Mängel selbst nachzudenken und sie abzustellen.

Wie soll sich nun der Künstler gegenüber den Kritikern verhalten? Der Sänger ist der Kritik gegenüber besonders empfindlich. Der Erfolg seines Singens hängt weitgehend davon ab, daß er Selbstvertrauen zu seiner Stimme hat und an sich selbst glaubt. Deshalb müssen wir auch oft mit mildem Lächeln die naive Eitelkeit vieler Sänger aufnehmen. Der wirklich große Mensch ist kaum eitel, weil er die Werte richtig einordnet. Doch der normale Mensch besitzt meist ein gewisses Maß persönlicher Eitelkeit und Geltungsbedürfnis. Wurde der Sänger in dem Glauben an seine Stimme erschüttert, so sind oft psychiatrische Mittel notwendig, um ihn wieder von seiner stimmlichen Ausstrahlung zu überzeugen. Seele und Stimme sind eng verknüpft. Leidet ein Sänger an Depressionen, so strahlt dies sofort auf den Stimmapparat zurück. Dies ist auch der Grund, warum man Sänger zu charakterlich widerstandsfähigen Menschen erziehen muß, eben damit sich nicht jeder kleine Mißerfolg auf die Stimme auswirken kann. Wehe dem Sänger, der sich von jedem Urteil beeinflussen läßt. Gegen den Einfluß aller positiven und negativen Kritiken gibt es für den Sänger nur ein Mittel: er muß die eigene Urteilsfähigkeit für seine Leistung ständig steigern und festigen. Wenn der Sänger blendende Kritiken erhält, doch selber das Gefühl hat, er hätte eigentlich nicht gut gesungen, soll er nicht den Kritikern glauben, sondern seinem eigenen Gefühl. Doch glaubt er, an einem Abend Gutes geleistet zu haben und die Besprechungen sind schlecht, so soll er sie wohl aufmerksam lesen, doch sich nicht davon beeinflussen lassen. Ich wünsche jedem Künstler von Herzen einen echten Freund, der ihm mit feinem und objektivem Ohr mitteilen kann, was gut, was weniger gelungen und was schlecht war. Am gefährdetsten sind die Sänger, welche über eine besonders schöne Stimme verfügen und nur gute Kritiken und Publikumserfolge haben. Versagen hier Charakter und Intelligenz des Singenden, so sind sie Kometen, die kurz aufleuchten und dann verlöschen. Beim Sänger ist der Charakter für die Karriere ausschlaggebend.

Bei Dirigenten oder Intendanten kann man oft ein merkwürdiges unpsychologisches Verhalten Sängern gegenüber beobachten. Wenn ein Dirigent nervös vor der Aufführung fragt: „Werden Sie diesmal diese schwierige Stelle beherrschen", kann er ganz sicher sein, daß diese Stelle nicht gelingt.

Regisseure, die den Sänger vor seiner Hauptarie auf der Bühne bewegungsmäßig abhetzen, können nicht erwarten, daß er dann noch seine Arie schön singen kann. Auch im Zeitalter der Regie steht und fällt jede Oper mit der Qualität des Gesanges und der Musik. Dies bedeutet nicht eine Verteidigung der alten Hoftheater-Allüren. Je größer die Darstellungskunst der Sänger ist, desto schöner der Eindruck für den Zuschauer; aber wesentlich allein ist die Stimme. Ich habe noch keine Oper erlebt, die mich allein vom Schauspiel her überzeugt hätte. Wenn ich ein Schauspiel erleben will, gehe ich eben ins Sprech-Theater, um mich am Wortdrama und durch das Spiel überzeugen zu lassen. In der Oper will man nichts anderes als Stimme und Musik. Tausendmal lieber nimmt man einen schlecht spielenden Sänger in Kauf, als gut spielende, aber miserabel singende Darsteller. Ja, die Oper, diese merkwürdige Mischung von Drama und Musik, steht und fällt mit dem guten Sänger. Solange es Sänger gibt, die sie mit ihrer Stimme, also mit Blut und Leben erfüllen, so lange wird die Oper leben.

Den Sängern möchte ich aber auch noch ein Wort zu ihrer meist kritischen Einstellung ihren Kollegen gegenüber sagen. Wie schwer machen es sich die meisten Sänger, daß sie alles nur von *ihrer* Stimme aus beurteilen. Sie selber verfallen in den oft schweren Irrtum von Kritikern, Laien und Fachleuten, indem sie nur den eigenen Geschmack bei Stimmen gelten lassen. Wie langweilig wäre die Welt, wenn alle Menschen gleich wären und alle Sänger dieselbe Stimme hätten! Wer in Frieden mit seinen Kollegen leben will, mache sich zum obersten Grundsatz, nie ein Wort über den Gesang eines Kollegen zu äußern, vor allem nicht hinter seinem Rücken. Es wird ihm oder ihr bestimmt in spätestens 24 Stunden zugetragen und die Atmosphäre hat sich verschärft und vergiftet. Das bedeutet jedoch nicht, daß man seine Ohren verschließen soll. Man kann positiv und negativ von anderen Sängern lernen. Doch sich selbst muß man abdichten gegen die vielfachen kritischen Äußerungen und Ansichten der Kollegen. Kann einer sehr viel, und dies erkennt man sehr schnell, so wird man immer versuchen, von ihm zu lernen.

Der echte Künstler arbeitet nicht für den Augenblick, sondern fühlt sich der Kunst verpflichtet. Er weiß, daß jede Kunst einen Reifungsprozeß durchläuft. Er muß daher unbeirrbar seinen Weg gehen, der ihm von Stimme und Talent her vorgeschrieben ist.

2. *Hygiene der Stimme und Lampenfieber*

Es ist die Pflicht jeden Sängers, jede Übertreibung, gleichviel welcher Art, zu vermeiden, denn es gibt nicht eine einzige, welche nicht augenblicklich einen unheilvollen Einfluß auf die Stimmorgane ausüben würde. E. GARCIA

Singen muß eine sehr gesunde Beschäftigung sein. Wenn wir uns die Lebensdauer berühmter Sängerinnen vergegenwärtigen, die früherer Jahrhunderte und die der Jetztzeit, so stellen wir voller Staunen fest, daß diese weit höher liegt, als bei dem Durchschnitt aller anderen Menschen. Vor allem fällt das hohe Lebensalter in vergangenen Jahrhunderten auf, in denen das Durchschnittsalter der Menschen mit 32 Jahren angegeben wird.

Jeder Mensch, der singt, weiß, welch starke Durchblutung und erhöhte Leistungsfähigkeit der Muskeln das Singen hervorruft. Man fühlt sich wohl müde nach einem sängerischen Training, aber das Lebensgefühl ist dennoch erhöht. Es gibt aber noch einige wesentliche Momente, die lebenserhaltend sind und die der Sänger berücksichtigen muß, wenn er eine gute Leistung hervorbringen will. Der Sänger braucht Ruhe und Schlaf. Er kann es sich einfach nicht leisten, hektisch und unruhig zu leben, weil er die Folgen sofort an Timbre und Stimme verspürt. Ein unausgeschlafener und abgehetzter Sänger ist vom Zwerchfell her geschwächt und seine Schleimhäute sind ausgetrocknet. Das oberste Sängergesetz für die Erhaltung der Stimme lautet: Als Sänger, dessen Kapital seine Stimme ist, muß man für Ruhe und genügenden Schlaf sorgen. Dieses lapidare Gesetz muß jedem Sänger in sein Unterbewußtsein eindringen; er muß wissen: ich verliere meine Stimme, wenn ich mir nicht Ruhe schaffen kann. In früheren Jahrhunderten brauchte man diese Regel in ein Sängerbuch nicht aufzunehmen. Heute müßte es eigentlich über jedem Kapitel stehen.

Noch eine weitere Regel muß der Sänger beachten. Er sollte es immer vermeiden, erregt zu sprechen oder krampfhaft und laut zu lachen. Sofort werden die Schleimhäute gereizt und die sehr empfindlichen Stimmlippen werden angegriffen. Sänger zu sein ist gewiß keine leichte Aufgabe. Immer, auch wenn wir nicht zu singen haben, müssen wir auf unser kostbares Instrument achten. Wir sind gesegnet und verdammt zugleich. Doch auf keinen Fall soll hier der Hypochondrie, also der erhöhten Bereitschaft, sich mit seinen körperlichen Leiden zu beschäftigen, das Wort gesprochen werden. Im Gegenteil, der Sänger muß sich abhärten, um gegen Erkältungskrankheiten widerstandsfähig zu werden. Er muß seine körperliche Widerstandskraft stählen, um nicht jeder Ansteckung hilflos ausgeliefert zu sein. Er soll sich viel in der frischen Luft bewegen, Gymnastik treiben und möglichst schwimmen, um eben auch körperlich gut trainiert zu sein.

Bestimmte Dinge müssen zur zweiten Natur werden: Nach dem Singen sich abkühlen, ehe man sich der kalten Luft aussetzt und im Freien nicht viel und nicht laut sprechen. Nach dem Singen keine Eisgetränke trinken, sondern möglichst temperierte Fruchtsäfte oder heißen Tee zu sich nehmen, bis man wieder das Gefühl einer normalen Halssituation hat.

Wie verhalten wir uns aber, wenn wir uns erkälten? Jahr für Jahr warten wir armen Sänger darauf, daß die Wissenschaft ein Mittel findet, um Erkältungsbazillen oder -viren zu bekämpfen. Atome können wir zertrümmern, aber ein Schnupfen, wenn er erst da ist, dauert seit Beginn der Menschheit 14 Tage oder 2 Wochen, auch wenn wir sämtliche Mittel, die die Pharmazeutik uns anbietet, im Laufe des Lebens ausprobieren. Können wir als Sänger sehr viel, so gibt es einige Erkältungserscheinungen, über die man sehr gut hinwegsingen kann. Aber bei bestimmten Luftröhrenerkrankungen gibt es nur ein Mittel für die Stimme: Aussetzen!

Hat man abends zu singen, so muß man sich den Tag über schon völlig auf seine Stimme einstellen. Man sollte morgens schon beginnen, seine Stimme einmal abzutasten. Oft kann man eine Indisposition durch kluges, vorsichtiges Einsingen völlig beseitigen. Merkt man eine Indisposition, so muß man im Umfang seiner Stimme die Töne suchen, welche mühelos und leicht ansprechen. Von diesen Tönen aus baut man langsam und stetig seine Stimme nach allen Seiten aus. Ich würde an indisponierten Tagen nicht länger als 10 Minuten hintereinander üben, dann eine Pause einlegen und nachher wieder versuchen, bis man die Stimme leicht und sicher zur Verfügung hat. Gut disponiert ist man sehr selten, das sind begnadete Tage, aber das Können hilft über die meisten Indispositionen hinweg. Frauenstimmen sind noch besonders gefährdet durch die monatlichen Indispositionen. In diesen Tagen sollte man möglichst nicht singen. Die Singefreudigkeit ist auch in diesen Tagen meist sehr herabgemindert und nur äußerste Konzentration und Anspannung können diese ersetzen. Die Frauen sind diesbezüglich sehr verschieden veranlagt. Es gibt sehr sensible Naturen, deren Stimme sich in diesen Tagen einfach verändert. Dann gibt es Naturen, die davon völlig unberührt bleiben.

Immer wieder muß man den Sängern einschärfen: sündigt ihr gegen eure Stimme, so merkt ihr es sofort an eurer Leistung. Soll nun ein Sänger schlank oder dick sein? Früher war man der Auffassung, je größer die Röhre, desto gewaltiger der Umfang. Diese Regel hat sich nicht bestätigt. Ein Sänger muß kräftig sein, vital und lebendig. Den Leibesumfang kann er in Maßen halten. Ernährungsregeln braucht man nicht aufzustellen. Jeder muß und kann es damit halten, wie er es für richtig empfindet. Es scheint mir nur eines selbstverständlich zu sein, daß man an Tagen, an denen man zu singen hat, keine schwerverdaulichen

Speisen zu sich nimmt. Vor dem Singen viel zu essen, scheint mir nicht ratsam zu sein, weil dann das Zwerchfell träge wird und der Magen revoltiert. Jeder Sänger muß lernen, wie er sich an den Tagen verhalten muß, an denen er zu singen hat. Man muß sich selbst genau kennen und beobachten, um eine möglichst gute Leistung zu erreichen.

Und nun noch das Lampenfieber! Es ist der böseste Feind vieler Sänger, weil es sich so schwer vom Bewußtsein aus beeinflussen läßt. Es ist ein unnatürlicher Zustand des vegetativen Nervensystems. In extremen Fällen versagt die Stimme völlig, und der arme Mensch steht verkrampft da und kann keinen Ton herausbringen. In leichteren Fällen ist der Schlund völlig ausgetrocknet, das Zwerchfell setzt aus und die Stimme klingt zittrig und dürr. Wer mit einer solchen Hypothek belastet ist, braucht viel Kraft, um sie zu überwinden. Es gibt Fälle, in welchen man überhaupt abraten muß, den künstlerischen Beruf zu ergreifen, weil er zu einem Leiden ohne Ende führt. Die meisten Sänger werden mit dieser Krankheit fertig. Man muß danach streben, den Sänger sehr sicher zu machen, um in seinem Unterbewußtsein die Angst vor dem Versagen immer mehr zurückzudrängen. Wenn seine Erfahrung immer deutlicher und sicherer anzeigt, daß er weder stimmlich noch musikalisch versagen kann, so wird die Angst vor dem Versagen immer kleiner. Auf keinen Fall soll man das Lampenfieber vor sich selbst ignorieren, weil es dann immer mehr ins Unbewußte herabsinkt und uns von dort aus beherrscht. Der Sänger muß wissen, was ihn beängstigt. Meist hat er irgendwelche Schwächen in der Stimme, sehr oft Schwierigkeiten in der Höhe. Oder seine Musikalität macht ihm bei Einsätzen zu schaffen und vieles andere mehr. Das Wichtigste ist hier, erst einmal alle Schwächen durch Arbeit auszuschalten. Elisabeth Schumann schreibt in ihren Tagebuchblättern, daß ihr lange das g^2 besondere Schwierigkeiten gemacht hätte; durch stete Arbeit und Üben hat sie aber dann dieses g^2 zum schönsten Ton ihrer Stimmskala gemacht.

Lampenfieber kann man nur durch geistiges Training bekämpfen. Es ist völlig sinnlos, sich und seine Umgebung nervös zu machen. Dadurch wird es nur schlimmer und es kann zu einer richtigen Neurose führen. Das beste Mittel ist Atemgymnastik, um sich selbst in Ruhe und Harmonie zu bringen. Man muß sich nur auf das Kunstwerk konzentrieren und auch ein klein wenig Menschenverachtung kultivieren. Der vom Lampenfieber Befallene nimmt meist das Publikum zu ernst. Er soll sich nur einmal klar machen, wieviel Menschen im Saal sitzen, die wirklich etwas von der Musik verstehen. Es muß ihm beigebracht werden, daß die Erde sich weiterdreht, wenn auch einmal ein Ton etwas enger klang, ein Einsatz verhauchte oder man aus dem Takt kam. Die Hauptsache bleibt, daß man geistesgegenwärtig ist. Und wenn einen einmal schon das Gedächtnis verläßt, muß jeder hörbare Schmiß vermieden werden. Je mehr

Podiumserfahrung man bekommt, desto sicherer umschifft man die eigenen Fehler und Schwächen. Auch hier, bei Lampenfieber, wird die Regel am besten helfen, sich selbst weniger wichtig zu nehmen und alle Kraft auf das Kunstwerk zu konzentrieren. Sehr bald wird sich dann auf dem Podium jene Sicherheit einstellen, die erst zu einer künstlerischen Ausstrahlung führt.

AUSKLANG

Ihr Guten sollt euren Glauben daran behalten, daß es nicht ganz unzulänglich klingt. Ich selber habe es reiner und noch schöner gehört, als ich es Dir je diktieren kann!

GEORG FRIEDRICH HÄNDEL, 1758

Als ich eines Tages resigniert feststellen mußte, daß meine Nervenkräfte zwar noch dazu ausreichen, um meinen Schülern alles vorzusingen, nicht aber um mich auf dem Podium künstlerisch zu betätigen, schrieb mir tröstend ein guter Freund: „Ein wirklicher Sänger verstummt nie, auch nicht, wenn die anderen ihn nicht mehr hören.“ Dies scheint mir richtig zu sein, denn das Sängerische war so stark in mir, daß ich es umformte in Gedanken und Begriffe, um den jungen Sängern einen kleinen Wegweiser mitzugeben.

Während ich nun meine Schlußgedanken formuliere, ist meine Sorge um den deutschen jungen Sängerbestand nicht geringer geworden. Immer mehr ausländische Sängernamen tauchen in Programmheften deutscher Bühnen auf. Immer weniger deutsche Sänger werden auf internationalen Wettbewerben prämiiert.

Ist der Gesang wirklich am Scheideweg? Schöne Stimmen gibt es bei uns heute immer noch genug. So wie in anderen Ländern muß aber auch bei uns die Erkenntnis wachsen, daß das Gesangsstudium ebenso wie jede andere Musikausbildung eine längere und gründliche Arbeit verlangt.

Wie für die künstlerischen und geistigen Nöte, so gibt es auch für die sängerischen Nöte unserer Zeit kein Universalrezept. Wesentlich ist und bleibt bei der künstlerischen Heranbildung des Talentes der Charakter. In jedem jungen Sänger muß jenes Streben wach sein, die geistige Substanz und damit den göttlichen Bereich zu vermehren.

Zumeist hört der junge Sänger von Freunden oder Bekannten, daß seine Stimme schön sei. Auf dieses Urteil gestützt, entschließt er sich dann zum Sängerberuf. Dieser Entschluß wird also von außen angeregt und stammt nicht aus dem Inneren, aus der Berufung, sein Leben nur in dieser Form zu gestalten. Das Sängerische muß so stark vorherrschen, daß man sein Leben als verfehlt betrachten würde, wenn es einem versagt bliebe zu singen. Singen kann nur schön sein, wenn es aus der inneren Notwendigkeit entspringt. Ehe man sich zu diesem Beruf entschließt, muß man sich in seiner stillsten Stunde mit innerer Wahrhaftigkeit fragen: Muß ich singen? Bin ich bereit, alle Opfer, alle Schmerzen eines künstlerischen Berufes auf mich zu nehmen, um eines Tages der Gnade teilhaftig zu werden, Musik in ihrer Vielheit, Tiefe und Schönheit wiederzugeben, in völliger Gleichgültigkeit gegen Erfolg und Nutzen?

Wenn man diese ernste Frage mit einem „ich muß“ beantwortet, dann gibt es nur den Weg der ständigen Arbeit und Ausdauer, bis man eines Tages zum Ziel kommt.

Viele große Meister haben der Jugend immer wieder Mahnungen und auch Trost mitgegeben, wenn sie um Rat bat, wie sie den Weg zur Kunst gehen sollte.

Rainer Maria Rilke schreibt in den Briefen an einen jungen Dichter: „Die Dinge sind alle nicht so faßbar und sagbar, als man es meistens glauben machen möchte; unsagbarer als alles sind die Kunstwerke, geheimnisvolle Existenzen, deren Leben neben dem unseren, das vergeht, dauert. Vielleicht erweist es sich, daß Sie berufen sind, Künstler zu sein. Dann nehmen Sie das Los auf sich und tragen Sie es, seine Last und seine Größe, ohne je nach dem Lohne zu fragen, der von außen kommen könnte.“

MUSIKPÄDAGOGISCHE BIBLIOTHEK

Begründet von Leo Kestenberg,
fortgeführt von Eberhard Preussner, jetzt fortgesetzt von Walter Kolneder

Auswahl

Band 1
Eberhard Preussner
Allgemeine Musikerziehung
3. Auflage 1974, 116 Seiten, kartoniert DM 14,80
ISBN 3-7959-**0153**-7

Band 5
Walter Kolneder
Geschichte der Musik
Ein Studien- und Prüfungshelfer
II. stark erweiterte Auflage 1983, 100 Seiten, kartoniert DM 9,80
ISBN 3-7959-**0159**-6

Band 8
Dietrich Stoverock
Gehörbildung
Geschichte und Methode
3. Auflage 1983, 70 Seiten mit zahlreichen Abbildungen und Notenbeispiele, kartoniert DM 14,80
ISBN 3-7959-**0160**-X

Band 15
Norbert Linke
Heilung durch Musik
Didaktische Handreichungen zur Musiktherapie
1977, 160 Seiten kartoniert DM 19,80
ISBN 3-7959-**0211**-3

Band 16
Gerhard Braun
Neue Klangwelt auf der Blockflöte
2. Auflage 1983, 100 Seiten mit zahlreichen Notenbeispielen kartoniert DM 19,80
ISBN 3-7959-**0176**-6

Band 18

Klaus Rennicke

Kleines Musik 1 x 1

2. verbesserte Auflage 1981, 128 Seiten mit zahlreichen Abbildungen und Notenbeispielen, kartoniert DM 12,80

ISBN 3-7959-**0258**-4

Lösungsheft zu Band 18; DM 7,50

ISBN 3-7959-**0326**-2

Band 22

Graham Collier

Jazz

1982, 198 Seiten mit etwa 150 Notenbeispielen, kartoniert DM 24,—

ISBN 3-7959-**0283**-5

Band 27

Cesar Bresgen

Die Improvisation in der Musik

1983, 162 Seiten mit etwa 150 Notenbeispielen, kartoniert DM 24,—

ISBN 3-7959-**0382**-3

Band 29

Walter Kolneder

Harmonielehre für Geiger

und Spieler anderer Melodieninstrumente

1984, 136 Seiten mit etwa 500 Zeichnungen und Notenbeispielen, kartoniert DM 24,—

ISBN 3-7959-**0314**-9

Band 30

Dankmar Venus

Unterweisung im Musikhören

Neuausgabe 1984

204 Seiten mit zahlreichen Notenbeispielen, kartoniert DM 24,—

ISBN 3-7959-**0414**-5

Band 31

Musikpädagogische Konzeptionen und Schulalltag

Versuch einer kritischen Bilanz der 70er Jahre

Herausgegeben von Fred Ritzel und Wolfgang Martin Stroh

206 Seiten, kartoniert DM 24,—

ISBN 3-7959-**0388**-2

Die Reihe wird laufend fortgesetzt.

HEINRICHSHOFEN'S VERLAG

WILHELMSHAVEN